부의 메커니즘

안규호, 조성재, 장종오, 송경훈, 전지선
안주원, 이수인, 김동인, 김준형, 박상현

상위 0.1% 영업인 10명이 말하는
'진짜' 부자 되는 법

부의 메커니즘

당신의 잠재력을 120% 이끌어낼 완벽한 부의 원칙

 mindset

프롤로그

29살의 나에게 희망이라는 단어는 존재하지 않았다. 성공, 희망, 꿈 이따위 단어는 이미 잊은 지 오래였다. 그저 오늘 하루를 어떻게 때울지, 오늘 하루를 어떻게 살아가지라는 생각만 가득했다. 나는 신용불량자였다. 집도 없고 차도 없었으며, 적금도 없고 보험도 당연히 없었다. 통장에는 단 돈 만 원도 없었다. 17살 때 학교를 자퇴하고 나름대로 정말 열심히 살았다고 생각했는데 결국 29살의 나의 현실은 시궁창 그 자체였다.

하지만 지금 2022년, 38살의 나에게 가난이라는 단어는 존재하지 않는다. 나를 표현하는 말에는 항상 연봉 10억이라는 수식어가 따라붙는다. 현재, 그 누구도 내가 부자라는 사실에 크게 다른 의견은 없을 것이다. 29살에 밑바닥부터 시작해서 '나 이제 먹고 살만해, 아니 나 부자가 되고 있어.'라는 생각을 하는 데까지 딱 3년이 걸렸다. 시궁창에서 부자로, 내 인생을 이렇게 다이내믹하게 바꿔준 것은 바로 영업이었다. 나에게 왜 영업을 하게 되었냐고 묻는다면 내 대답은 다음과 같다.

"돈을 벌기 위해서."

나는 가진 것도 할 줄 아는 것도 없었다. 학력이라고는 고등학교 검정고시를 졸업한 게 전부고, 특별한 취미나 특기도 없다. 할 줄 아는 제2외국어도 없다. 그렇다고 나를 뒷받침해줄 만한 좋은 집안 환경이 있는 것도 아니다. 그러나 영업은 그런 모든 것들을 '노력'과 '열정'으로 상쇄시킬 수 있다. 가진 거 없고, 인맥 없는 사람들도 죽을 만큼 열심히 하고 최선을 다하면 큰 돈을 벌 수 있고 인생을 변화시킬 수 있다. 이 책은 대한민국에서 큰 돈을 번 상위 0.1% 영업인들의 진솔한 이야기와, 그들만의 영업 노하우가 담겨 있다. 이들은 공통적으로 죽을 만큼 힘든 과거를 겪었지만, 그 과정을 인내하고 극복했으며, 현재는 남부럽지 않게 부유한 인생을 살고 있다. 우리는 종종 만나 이런 이야기를 자주 나눈다. '돈 버는 건 정말 쉽다.' 평범한 누군가가 들었을 때는 화가 날 수도 있겠지만, 명확한 사실이다. 돈은 정말 쉽게 벌 수 있다. 당신이 돈의 메커니즘을 확실하게 이해하고, 그에 따른 마인드셋을 함양하며 열심히 나아간다면 말이다. 이 책은 비단 영업인뿐 아니라, 자신의 삶을 획기적으로 바꾸고 싶은 사람들과, 더 이상 돈으로 스트레스 받지 않고 싶어 하는 사람들에게 큰 도움이 될 것이다. 부디, 여러분들이 부의 메커니즘을 이해하고, 더 이상 돈 때문에 얼굴을 찌푸리는 게 아닌, 돈 덕분에 함박웃음을 지을 수 있는 인생을 살길 바란다.

– 안규호

차례

안녕하세요

01

중졸, 신용불량자에서
3년 만에 연봉 10억을 달성한
영업계의 전설

'성공하고 싶다면
정확한 전략을 구사하고
시스템을 만들어라.'

우리나라에서 가장 성공한 영업인 중 한 명. 중졸, 29살 신용불량자의 삶에서 불과 3년 만에 연봉 10억을 달성했고 현재는 한국세일즈성공학협회의 대표로서 유튜브 채널 <안대장TV>와 <더 보스, 멘트가 죄다, 어서와 영업은 처음이지, 나는 인생에서 알아야 할 모든 것을 영업에서 배웠다>를 통해서 많은 영업인들에게 자신만의 노하우를 알려주고 영업인들의 희망이 되어 주고 있다.

E-MAIL : dream_walker85@naver.com

'돈을 벌기 위해서는 창업 아니면 영업이다.'

군대에 있을 때부터 한 번도 변하지 않았던 나의 생각이다. 그래서 나는 영업을 택했다. 돈을 벌기 위해서 말이다. 그것도 아주 많은 돈을 벌기 위해서.

영업과 창업을 구분했지만 지금 돌이켜보면 둘 다 똑같은 내 사업이다. 창업을 한다는 것은 처음부터 내가 시스템을 만들어서 하는 것이고 영업이란 정해진 시스템 안에서 나만의 또 다른 시스템을 만들어내는 것이다. 둘 다 원리는 똑같다. 결국, 내가 한 만큼 돈을 번다는 것이다. 실적은 거짓이 없다. 그래서 영업은 정직하다. 내가 잘하면 그만큼 무궁무진한 돈을 벌 수 있고 또 내가 잘못하면 나는 최저시급은 고사하고 빚만 잔뜩 지는 빚쟁이가 될 수도 있다. 이건 어떤 영업을 하느냐에 따라서 다르겠지만 억대 연봉을 뛰어넘은, 월 억 이상을 버는 영업사원들도 존재한다. 그들은 개인 직원을 채용하고 본인만의 시스템으로 연 10억 넘는 수익을 창출한다. 그래서 나는 그 상위 0.1%의 성공모델만을 보고 경영컨설팅이라는 영업에 뛰어들었고, 그 결과 월 억 이상을 버는 사람으로 인생역전을 할 수 있었다.

누군가 나에게 다시 태어나도 영업을 할 것이냐고 묻는다면 나의 대답은 '절대 아니다'다. 다시 태어나면 공부를 열심히 해서 명문대에 진학도 해보고, 부유한 집안에서 자라 좀 편안하게 살고 싶다. 그게 솔직한 나의 심정이다. 영업은 정말 어렵다. 세상 모든 일이 다 마찬가지겠지만 매우 힘들고, 아주 치열하다. 누구나 도전할 순 있지만 모두가 성공할 순 없다. 그런 것이 영업이다. 하지만 또 다시 아무것도 없이 빈털터리에 맨몸으로 시작해야 한다고 하면 나는 주저 없이 영업을 선택할 것이다. 그것밖에는 선택지가 없으니까 말이다. 지금 이 책을 읽는 당신이라면 영업을 하려고 하거나 지금 영업을 하고 있을 것이다. 그렇다면 어쩔 수 없는 선택지로 이곳에 들어왔다고 생각하겠다. 돈을 벌기 위해서 말이다. 그럼 이 악물고 해라. 혼신의 힘을 다해라. 죽기 살기로 해라. 그냥 어설프게 설렁설렁 지금까지 해왔던 대로 영업을 할 생각이고, 인생을 살아갈 생각이면 제발 딴 일을 찾길 바란다. 영업은 퇴직금도 없고 내가 아프다고 쉬면 그날 돈을 벌 수 없다. 언제라도 월급이 0원이 될 수도 있고 파산을 맞이할 수도 있다. 주변에서 영업한다고 하면 온갖 헛소리에 사기꾼 소리까지 들으면서 살아야 하는 것이 영업이다.

하지만 이 모든 것을 이겨내고 영업으로 성공하고 싶다면 지금부터 정말 죽기 살기로 한번 살아가길 바란다. 나 역시 이 책을 통해서 그리고 유튜브 채널 〈안대장TV〉를 통해서 그리고 클래스 101 강의를 통해서 내 모든 노하우와 방식을 공개 할 테니 꼭 모든 것을 당신의 방법으로 녹여내어 반드시 최고의 영업인으로 그리고 멋진 사업가로 거듭나기를 바란다.

희망은 전략이 아니다.

모든 변화의 시작은 새로운 도전으로부터 시작한다. 그것을 부정하는 사람은 아무도 없을 것이다. 하지만 영업을 하겠다는 결단, 열심히 하겠다는 결단만으로는 절대 성공할 수 없다. 아무런 준비도 노력도 없이 '잘 되겠지.' 라는 믿음은 너무나도 안일한 생각이다. 대한민국의 세일즈 판은 그렇게 녹록하지도, 아름답지도 않다. 성공적인 세일즈를 위해서는 정확한 전략과 시스템이 필요하다. 나는 영업과 사업을 하면서 참 새롭고도 놀라운 사실을 알아냈는데, 그 내용은 아래와 같다.

사람들은 부동산을 배우고 공부한다. 주식도 배우고 공부하고 암호화폐도 공부한다. 돈을 벌기 위해서 말이다. 그리고 낚시도 배우고 공부를 하고 게임도 공부를 하고 연구를 한다. 모든 것을 더 잘하기 위해서 많은 돈을 들여서 배우고 공부를 한다. 그 과정에서 많은 시행착오를 거치고 또 고수들을 찾아다니기도 한다. 그런데 희한하게 자신이 하는 일, 우리에게 가장 중요한 나의 직업에 대해서는 크게 배우고 공부하려고 하지 않는다. 그냥 본인이 가진 재능과 노력, 그리고 인맥만으로 성공하려고 한다. 정말 아이러니한 일이다.

100kg의 몸무게를 가진 남성이 헬스장에 가서 한 달 만에 30kg를 감량하고 몸짱으로 만들어 달라고 하지는 않는다. 그리고 그걸

안규호

바라지도 않는다. 그 남자는 정말 힘든 일이 될 것이라는 것을 당연히 알 것이다. 오랜 시간 노력해야 한다는 것도 알고 있다. 눈에 띄는 결과를 얻기 위해서, 피나는 노력은 너무나 당연한 것이다. 하지만 돈이라는 것이 개입되는 순간 이성이라는 것은 온데 간데 사라지고 욕망만이 뇌를 지배한다. '한 방에 큰돈을 벌어야지. 그냥 지금까지 하던 대로 똑같이 살면서 연봉 몇 억 달성해야지.' 이런 황당한 생각을 하기 시작한다. 그러니 지금까지 수십, 수백 년을 이어 온 영업이 다 주먹구구식으로, 느낌대로 기분대로 흘러가게 된 것이다.

성공하고 싶다면 정확한 전략을 구사하고 시스템을 만들어라.

일반 영업사원들에겐 아무런 전략도 시스템도 존재하지 않는다. 그냥 하고 싶은 대로 대충대충 하다가 안 되면 포기하면 되고 그냥 세상이나 욕하면 그만이다. 그리고는 쉽게 그만 두고 이렇게 말한다.

"영업하는 애들은 다 사기꾼이야, 영업은 돈 못 벌어, 우리 회사는 진짜 거지같았어."

만약 당신이 영업으로 큰 돈을 벌고 싶다면, 정확한 전략을 구사하고 시스템을 만들어라. 시스템이라는 것은 규칙이다. 당신에게는 규칙이라는 것이 존재하는가? 〈안대장TV〉에서 파라드림이라는 콘텐츠를 만든 적이 있다. 많은 영업사원들에게 자신을 홍보할 수 있는 기회를 주는 의도로 시작을 하였다. 보험부터 시작해서 카드, 정수기, 가구, 자동차 등등 많은 영업사원이 참가신청을 했지만 시즌 1에서 단 한명도 합격하지 못했다. 이유는 하나다.

"대표님의 장점이 뭐죠? 대표님에게 사야 하는 이유는 무언가요?"라고 질문을 했을 때, "저는 누구보다 뛰어나고 열정이 넘칩니다. 고객이 부르면 언제든지 달려갈 수 있고 그 어떤 영업사원들보다 정직하고 성실하게 오랜 시간동안 고객을 케어할 수 있습니다. 저에게 한번 고객은 영원한 고객입니다."라고 대부분 답변을 한다.

그럼 내가 추가로 이렇게 질문을 한다.

"그럼, 그 열정과 정직을 어떻게 고객에게 보여줄 것이며, 그 열정과 정직으로 고객을 어떻게 케어하고 있으세요?"

이 질문으로 대화는 끝이다. 말하지 못한다. 고객관리를 최선으로 하겠다는데 어떻게 하겠다는 방식은 없다. 고객이 부르면 무조건 간다는데 그럼 그때 지방에 있어도 열 일 제쳐두고 갈 수 있냐라고 물어보면 그건 또 아니라고 하고, 신뢰는 어떻게 보여줄 거냐고 물어보니 오랜 시간이 지나면 알 수 있다고 답한다. 결국에 답은 이거다.

'특별한 방법은 없지만 그냥 제가 알아서 열심히 할게요.'

이런데 영업이 잘되는 것도 신기하다. 예전 내가 영업을 시작했을 때, 벤츠 판매 왕이었던 신동일 이사님의 책을 굉장히 감명 깊게 본 적이 있다. 그는 자신의 책에서 개인 비서 둘을 채용해, 주기적으로 자체적인 시스템에 의해서 관리를 한다고 말했고, 그 당시 나는 개인비서를 채용할 돈은 없었기에 내가 직접 하기로 했었다.

도대체 어떻게 하면 효과적으로 고객들을 관리할 수 있을까 고민하고 또 고민했다. 그러다 문득 이런 생각이 들었다.

'세상에서 가장 사랑하는 연인과 기념일 챙기듯이 고객을 한 번 챙겨보자.'

젊은 시절에 연인과 기념일 한번 안 챙겨본 사람을 없을 것이라고 생각한다. 생일, 발렌타인데이, 화이트데이부터 시작해서 로즈데이, 100일, 300일, 등등 수없이 많은 날들을 기념일로 만들고 우리는 사랑하는 연인에게 특별한 무언가를 선물하거나, 이색적인 데이트를 즐기곤 한다. 그래서 나는 고객들을 연인처럼 챙기겠다고 생각했다. 우선, 고객들을 날짜별로 관리했다. 첫 계약하고 한 달, 100일, 200일, 300일, 일주년, 이런 방식으로 연인들의 기념일을 챙기듯 고객을 관리한다. 그러면 최소한 일 년에 6번 이상은 고객에게 연락을 하게 된다.

그럼 이제 고객을 관리하는 나만의 시스템은 완성이 된 것이다. 그렇다면 나는 이것을 오랫동안 실천만 하면 된다. 시스템 만드는 건 정말 쉽다. 사업계획을 만드는 것도 정말 쉽다. 하지만 사람들이 좋은 시스템과 아이템을 만들어도 실패하는 이유는 행동하지 않기 때문이다. 결국 가장 중요한 것은, 오랜 시간동안 꾸준히 내가 만들어 낸 시스템을 지켜야 한다. 눈이 오나 비가 오나 블랙컨슈머거나 어색한 고객이라도 알람이 울리면 전화를 해서 안부를 묻고 찾아간다. 귀찮다, 바쁘다, 몸이 아프다, 까먹었다, 어색하다. 어떤 핑계도 용납되지 않는다.

시스템을 만들었다면 반드시 지켜라.

명심해라. 시스템을 만들었으면 반드시 그것을 지켜야 한다. 스스로 시스템을 무너뜨리는 행동은 당신을 '그저 그런' 영업인으로 남을 수밖에 없게 만든다.

제2차 세계대전 당시 독일의 명장 에르빈 로멜을 대패시킨 미국의 장군 조지 패튼은 이렇게 말했다.

"전장에 나가면 이기거나 지는 것이 아니라 이기거나 죽는다."

나는 영업의 현장도 똑같다고 생각한다. 승리자로 남아서 달콤한 축복을 즐기거나, 그렇지 않으면 소리 소문 없이 사라져 버린다. 당신은 어떤 선택을 하겠는가?

'괜찮아, 잘 될 거야, 나는 할 수 있어.'

희망은 전략이 아니다. 당신만의 차별화와 전략을 세우고 당신만의 시스템을 만들어라. 그리고 끊임없이 **수정, 보완, 재실행**의 단계를 끊임없이 거치고 또 거쳐라. 그렇다면 당신도 머지않아 탑클래스의 영업인으로 거듭 날 것이다.

당신이 영업을 못하는 이유.

나는 〈세일즈랩〉이라는 교육 회사(구, 한국세일즈성공학협회)를 설립했고 여러 회사로 출강도 다니며 내가 그동안 해왔던 경영컨설팅이라는 영업을 어떻게 하는지 총24주에 걸쳐 '정책 지도사 과정'이라는 강좌로 운영하고 있다. 또 때로는 1대1로 나를 찾아오는 사람들에게 컨설팅도 한다. 나는 영업으로 상위 0.1%가 되었고 교육 회사를 운영하며 또 많은 돈을 벌고 있는데, 그러면서 정말로 많은 사람들을 만날 수 있었다.

그 중에는 정말 힘든 사람들도 있었고, 한 분야의 정점에 있는 사람들도 있었는데 그런 많은 사람들을 보며, 절대 성공할 수 없는 사람들의 공통점을 찾게 되었다.

열심히 하지 않는 사람들은 절대 성공할 수 없다.

영업을 못하는 사람들의 가장 큰 특징은 열심히 하지 않는다는 것이다. 열심히만 해도 중간은 간다. 그런데 하위권에 있으신 분들은 대부분이 일 자체를 열심히 하질 않는다. 그것도 정말 열심히 안한다. 지능이 낮은 건지, 아니면 살아온 세월이 사람을 이렇게 패배주의에 무능력하게 만들어 낸 건지, 아니면 멘탈도 약하고 방법도 몰라서 그러는 건지 모르겠지만 100% 확실한 건 열심히 하지 않는다는 것이다. 나는 29살에 휴대폰 판매사로 일했다. 판매 실적으로 우리 회사 전국 1등을 찍었고, 덕분에 빠르게 지점장으로 승진을 할 수 있었다. 그리고 첫 발령받은 매장은 우리 회사에서 판매량 전국 꼴찌인 충남 아산이라는 곳에 마트에 있는 5평 남짓한 작은 매장이었다. 하루 판매량이 1대도 채 나오지 않는 최악의 매장이었다. 가자마자 점장님께 물었다.

"여기는 왜 이렇게 판매가 저조해요?"

그러자 점장님은 이렇게 답변했다.

"지하에 마트 가보세요, 하이마트부터 대형 매장이 몇 개가 있어요. 그런데 이 조그마한 매장에서 누가 사겠어요? 게다가 여기는 지나다니는 사람도 없어요."

하지만 나는 그 매장을 단 두 달 만에 평수 단위당 우리 회사의 일등 매장으로 만들었다. 그래서 2달 만에 회사 전국 1등으로 보너스로 200만 원이라는 상금을 받아 직원과 100만 원씩 나누어가졌다. 그때 전국에 있는 다른 매장에서 우리 매장에 파견을 오고 구경을 왔었다.

꼴찌 매장에서 갑자기 판매량이 2달 만에 급상승하니 어떤 특별한 비결이 있는지 분명 궁금했을 것이다. 하지만 특별한 비결이란 없었다. 그때는 지금처럼 마케팅이 뭔지, SNS가 뭔지도 몰랐고 유명 인플루언서들을 아는 것도 아니었다. 그때 내가 손님들을 불러 모을 수 있었던 가장 큰 이유는 단 하나, 정말 열심히 했다. 정말로 앉아서 쉴 시간이 없었다. 손님이 없고 할 일이 없으니까 매장을 청소하고 앞에 홍보물들을 매일매일 교체했다.

끊임없이 연구하고 친절해라.

'어떻게 하면 더 끌리는 문구가 될까? 어떻게 하면 더 재밌는 홍보물을 만들 수 있을까?'

안규호

끊임없이 고민하고 새로운 전단지를 만들어서 매장 앞에 붙였다. 그리고 지나가는 손님들이 있으면 그냥 인사했다.

"안녕하세요, 100만 원 특가 세일 중이니까 꼭 한번 들러주세요."

전에 계시던 점장님께서는 지나다니는 사람들이 없다고 했지만 어떻게 마트 안에 지나다니는 사람이 없으랴. 매일매일 엄청나게 많은 사람들이 매장 앞을 지나갔다. 그 전에 있던 분과 나의 차이는 단 두 가지였다. 친절한지, 쉬지 않고 움직이고 있었는지.

손님 없는 식당들이나 옷가게, 휴대폰 매장들을 보면 공통적으로 나타나는 특징이 있다. 모든 직원들이 전부 앉아서 휴대폰만 만지고 있다는 것이다. 망하는 가게의 가장 큰 특징이다. 앉아 있다는 것이다. 가만히 앉아서 휴대폰을 만지는 그 순간 그게 영업이든, 사업이든, 장사든 그 무엇이든 간에 망할 수밖에 없다. 휴식을 하는 것과, 손님이 없다고 앉아서 죽은 시간을 보내는 것은 완전히 다른 이야기이다.

가만히 앉아서 한참 재밌게 휴대폰을 만지고 있었는데 손님이 오자마자 갑자기 기다렸다는 듯 친절해질 수 있을까? 나는 절대 아니라고 생각한다. 휴대폰으로 게임을 하고 있다가 한참 재밌을 타이밍에 손님이 들어왔다고 가정해보자.

'하필 이 타이밍에… 조금만 늦게 오지.'라는 생각이 들 것이고, 손님과 상담을 하는 내내 머릿속에서 그 생각들이 날 것이다. 당신이 영업의 천재가 아니라면, 한 두 마디 말로 손님의 마음을 사로잡을 수 있는 영업인이 아니라면 항상 손님을 맞이할 준비가 되어 있어야 한다. 그리고 손님이 들어오자마자 큰 소리로 너무나 반갑게 외쳐야 한다.

'어서 오라고, 당신만을 기다리고 있었다.'고 말이다.

손님은 영업자의 시간에 맞춰 오지 않는다.

내가 휴대폰 판매 1등을 놓치지 않으니, 회사에서 각 지점 투어를 시켰는데 그때 평택에 있는 매장에서 근무한 적이 있다. 그때 평택 지점장님이 나에게 했던 말이 아직도 잊혀지지 않는다.

> "규호야, 너는 진짜 등에 스프링 달린 사람 같다, 내가 지금까지 몇 년 동안 휴대폰 팔면서 밥 먹다가 손님 오면 너처럼 빨리 일어나는 사람을 처음 봤다."

힘든 오전 근무를 마치고 다 같이 모여서 점심을 먹는다. 그때 손님이 들어온다. '어서 오세요.'라고 외치긴 하지만 단어의 뜻과 억양은 완전히 상반되어 있다. 이게 어서 오라는 이야기인지 아니면 '왜 지금 왔냐, 조금 있다가 오지, 먹는 거 안보이냐.'인지 확실히 구분 가는 억양으로 인사를 한다. 이것이 바로 영업을 못하는 사람들의 가장 큰 특징 중 하나다. 기본적인 친절과 열정 부족이다. 명심하자. 손님은 영업자의 시간에 맞춰서 오지 않는다. 시간을 통제할 수 있을 만큼 유명해지고 고객들이 나를 알아서 찾아올 정도로 시스템과 명성을 만들지 못하면 당연한 것이다. 소중한 고객들을 맞이할 때는 모든 에너지를 끌어올려서 친절하게, 그리고 그 사람이 나의 열정을 느낄 수 있게 만들어줘야 하는데 그걸 못한다.

지금 실적이 없다고 고민하고 있는가? 어떤 핑계든 소용없다. 당신이 중간도 안 되는 실적이라면 당신의 태도를 다시 돌이켜보길 바란다. 고객들이 느낄 만큼, 그리고 내 주변의 모든 사람들이 느낄 수 있을 만큼의 친절과 열정만 있다면 중간은 무조건 간다. 무조건적으로 고객을 상관처럼 떠받들어 하인을 자청하는 것이 아니라 당당하게 영업자로서의 친절과 '내 앞에 앉으면 무조건 사는 거다. 나보다 이 제품을 더 잘 알고 이 고객을 완벽하게 케어할 수 있는 영업사원은 나뿐이다.'라는 열정으로 고객을 대하라. 결국 친절과 열정이다. 다른 기적을 꿈꾸기 전에 기본부터 다시 체크해보자.

결국 멘트가 죄다.

'한마디 말로 천 냥 빚을 갚는다.' 말에는 정말 큰 힘이 존재하고, 말을 잘한다는 것은 굉장한 축복이자 권력이다. 수많은 유튜버들, 연예인들, 그리고 사업가들, 이들의 성공 요소 중에 절대로 빼놓을 수 없는 것 중 하나가 바로 말하는 능력일 것이다.

그럼 말을 잘하려면 어떻게 해야 할까? 나는 말 잘하는 방법 중에 가장 중요한 첫 번째 요소로 상대방의 외적인 부분, 즉 그 사람이 가진 외모와 스타일, 그리고 그 사람의 업적이나 명함, 직업 등에 대한 존중과 관심을 꼽는다.

나는 경영컨설팅이라는 영업으로 돈을 벌었고 현재는 그것을 가르치는 학원을 운영하고 있다. 경영컨설팅이란 중소기업 사업주들에게는 정부에서 나오는 지원금이나 저금리의 융자, 그리고 노무 관련 부분이나 세금을 환급받게 해주는 다양한 업무를 하는 것이다. 내가 상대하는 고객이 중소기업의 대표님들이다보니 아무래도 항상 갑에 위치에 있었던 사람들이고 재력이 있으신 분들이 많다. 그러니 당연히 그 분들은 칭찬에 익숙할 것이고, 갑의 위치에서 영업사원들을 대하는 것에 익숙할 수밖에 없다. 나 역시 갑의 영업을 한다고는 하지만 상대에 대한 존중을 보여주어야 하는데, 그 존중이란 칭찬이다. 평범한 영업사원과는 다르게 더 효과적인 칭찬을 건네야 하는 것이다.

칭찬의 주체가 물건이 되어서는 안 된다.

한번은 직원이 담당하는 업체에 함께 미팅을 나가서 상담을 도와준 적이 있었다. 고객이었던 대표님이 고가의 명품 브랜드 시계를 차고 있었고, 우리 직원은 그 시계를 보고 이렇게 말했다.

"와~대표님, 시계 진짜 멋진데요, 이거 구하기 힘들지 않아요? 어디서 사셨어요?"

그 대표님은 그 이야기를 듣고는 이 시계는 어디서 어떻게 샀고 대략 얼마를 줬다는 이야기를 잠깐하고 본론을 이어갔다. 상담이 끝나고 난 후, 난 나와서 그 직원에게 이런 이야기를 했다.

"내가 너였으면 나는 이렇게 말했을 거야. '대표님, 시계 진짜 멋진데요. 이건 진짜 시계 좀 볼 줄 아는 사람들이 차는 건데, 대표님 완전 시계 전문가시네요.' 이런 식으로 말이야."

똑같은 시계라는 대상을 놓고 직원은 그 대표님의 시계를 칭찬한 것이고 나는 그 대표님의 안목을 칭찬한 것이다. **명심해라. 칭찬의 주체가 물건이 되어서는 안 된다.** 비즈니스를 하는 사람이라면 지금 내 앞에 앉아 있는 사람에게 집중해야 한다.

옷을 팔고 싶다면 고객에게 그 옷의 장점을 설명하는 것이 아니라 이 옷이 당신을 얼마나 빛나게 해줄지를 이야기해줘야 한다. 차나 화장품, 보험 등 모든 제품들이 마찬가지이다. 고객에게 얼마나 도움이 되고 고객을 얼마나 빛나게 해줄지를 이야기해야 하는 것이다. 그런데도 많은 영업사원들은 제품에 집중한다. 그렇기 때문에 브랜드파워가 약해서 못 팔고, 제품이 안 좋아서 못 판다는 이야기를 하는 것이다.

당신은 지금 고객에게 어떻게 말하고 있는가? 당신의 멘트를 돌아봐라. 그리고 당신의 멘트가 고객을 향하고 있는지, 제품을 향하고 있는지 돌이켜봐라. 단언컨대, 고객에게 집중하는 순간 당신의 멘트는 달라질 것이고, 당신의 수입도 놀랍도록 달라질 것이다.

배수의 진을 쳐라.

요새 출근길에 보면 지하철에서 남녀노소 할 거 없이 죄다 비트코인이랑 주식창을 보고 있다. 부동산은 말할 것도 없다. 영업과 자기계발에 관한 유튜브채널을 운영하는 나에게 요새 영업인들이 가장 많이 물어보는 질문은 아래와 같다.

"주식 하세요, 재테크하세요, 부동산 하세요?"

참 안타까운 현실이다. 만약 우리가 공무원이나 직장인이라면 재테크에 열중할 수 있다고 본다. 하지만 우리는 고정된 급여를 받는 사람들이 아닌 내 사업을 하는 사람들이다. 직장인에 비해 엄청난 소득을 창출할 수 있다. 그런 일을 하면서 우리는 당장 나의 일보다 재테크에 훨씬 더 많은 관심과 비중을 둔다. 주객전도라는 말이 딱 어울리는 상황이다.

10억에 달하는 수업료를 내고 정신을 차리다.

나도 예전에 주식이나 코인으로 어느 정도 돈을 벌었던 적이 있다. 온갖 매체에서 주식이랑 코인, 부동산을 진짜 미친 듯이 쏟아내는데 거기에 흔들리지 않는 것이 어찌 쉽겠는가. 현찰 있겠다, 시간 있겠다, 경제 좋아하겠다, 할 수 있는 것들은 다했다. 미국주식, 부동산, 국내주식, 코인까지 돈 된다는 건 죄다 공부하고 내 전 재산을 투자했다. 많이 벌었다. 하지만 그럴수록 더 큰 돈을 벌고 싶었다. 그렇게 점점 투자금액이 더 커졌고 원칙보다는 욕망을 쫓기 시작했다. 결과는, 번 돈을 모두 잃었을 뿐더러, 10억에 달하는 수업료를 내고서 모든 재테크를 접었다. 아니 도박을 그만 두었다는 표현이 더 맞을 수 있겠다.

재테크에서 손을 떼게 된 이유는 딱 하나였다. 하루는 사업하는 친한 형들과 술자리를 하고 있었다. 다들 순수하게 자수성가로 천억대 자산을 보유한 사람들이었다. 술을 먹다가 심심해서 한 번 코인창도 보고 미국주식창도 들여다봤다. 그랬더니 한 형이 "규호야, 너는 참 하는 것도 많다. 안 힘들어?"라고 했고 그러자 다른 형들도 "근데 그런 거 하면 재밌어? 어떻게 하는 거야? 진짜 돈이 돼?"라며 나에게 막 이것저것 물어봤다. 정말 이쪽 분야에 대해서는 아무것도 모르는 사람들이었다. 그런데 그러면서 그 형들이 나에게 이런 말을 해줬다.

"규호야, 너는 잘하는 사업이 있는데 왜 자꾸 다른 쪽에 신경을 써? 너가 제일 잘하는 걸 해. 너 잘하잖아, 아직은 회사를 더 키워야지." 그 얘기를 듣고 굉장히 많은 걸 느꼈다. 결론은 결국 이거였다.

'돈 조금 더 벌기 위해서 알지도 못하는 뻘짓하지 말고 너의 분야에서 최고가 돼라, 그럼 부자가 되기 싫어도 저절로 부자가 된다.'

결국 부자가 되는 가장 빠른 지름길은, 돈을 많이 버는 것이다.

내 친구가 5억짜리 아파트를 샀다. 그런데 그 집이 지금은 10억이 넘어갔다. 사람들은 집값이 많이 올라서 좋겠다고 하지만 그 친구 집은 그 한 채 뿐이다. 그 집 팔고 다른데 이사 갈 것도 아니고 다른 집도 다 올랐는데 아무런 의미가 없다. 그 친구가 그 집을 팔고 은퇴를 하고 시골로 내려간다면 모를까 여전히, 그 친구는 월급 300만 원 받는 직장인이다. 집값이 올라서 기분이 좋다는 것 빼고는 아무 것도 변하지 않았다.

그런 집을 몇 채씩 가지고 있다면 행복하겠지만 그것도 아니다. 그런데 내가 아는 사람은 집은 전세를 산다. 하지만 지금 하는 캐피탈 영업이 잘 돼서 팀원들이 붙기 시작했고 한 달에 순수익으로만 3천만 원 이상 벌어간다.

과연 둘 중에 누가 더 부자일까? 그리고 이 페이스대로라면 앞으로는 누가 더 부자가 될까?

이 답은 모두가 알 것이라고 생각한다. 비트코인, 주식, 부동산, 여행, 취미 다 좋다. 그런데 일단 성공하고 돈을 벌고 싶으면 내 일이 최우선이라는 것을 모르는 사람이 있을까? 전업투자자를 할 게 아니라면, 소득의 80%이상을 저축해서 10년 안에 은퇴를 할 것이 아니라면, 내 본업에 배수의 진을 치고 올 인하는 것이 정답이라고 본다.

24시간 일 할 생각만 하라.

나는 지금 내가 아무런 일을 하지 않아도 최소한 월 2천만 원 이상의 돈이 들어온다. 하지만 일을 쉬고 싶지 않다. 내 꿈이 있기 때문이다. 내 꿈은 강남대로 한복판에 큰 빌딩을 짓고 거기에 우리 회사 사옥을 만들어 그 옥상에 내 와이프인 〈사이유〉의 큰 레터링 간판을 만들어

안규호

주는 것이 꿈이다. 벤츠 빌딩 꼭대기에 큰 별이 항상 있는 것이 벤츠 회장이 젊은 시절 와이프에게 약속한 것이라는 이야기를 들었다.

"내가 전 세계 어디에서도 당신의 별을 볼 수 있게 해주겠다."

이것이 벤츠 빌딩 옥상에 별이 있는 이유라고 한다. 그때부터 내 꿈은 강남 빌딩에 〈사이유〉의 이름을 빛나게 해주는 것이 됐다. 나는 그 꿈을 위해 하루하루를 열심히 살아간다. 하지만 많은 사람들은 그냥 돈을 벌기 위해 주객이 전도된 채 살아간다. 거기에 주식 강의나 비트코인 강의에는 수백, 수 천 만원을 아낌없이 쓴다. 매달 220만 원짜리 주식 리딩방에 들어간 지인들이 허다하다. 재테크는 목숨 걸고 배우고 노력하면서 왜 본인의 일은 배우려 하지 않고 그냥 하던 대로, 생각나는 대로, 옆 사람들이 하는 대로 타성에 젖어서 하고 있는지 정말 미스테리 중에 미스테리다. 제발 부탁인데 그 열정과 노력, 배움의 자세를 본인의 일에 쏟아 붓길 바란다. 내 어린 시절 멘토가 해준 이야기이다.

"24시간 돈 벌 생각만 해라, 그럼 못 버는 게 이상한 거다." 나는 조금 바꿔서 말하고 싶다. 24시간 일할 생각만 해라. 내 일에 모든 에너지를 쏟아 붓고 자다가도 놀다가도 일이 생각날 수 있을 만큼 집중해라. 그럼 당연히 성공은 따라올 것이다.

판매에 허용되는 시간은 딱 3초다.

'첫 인상 3초의 법칙'이라는 말이 있다. 처음 만나는 사람이 당신을 판단하는 시간이다. 3초의 첫인상을 통해, 한 번 자리 잡은 이미지는 쉽게 변하지 않는다. 그렇기에 당신은 그만큼 당신이 가지고 싶은 이미지, 만들어내고 싶은 사람의 모습으로 상대에게 보여지고 있는지 스스로를 한번 돌아볼 필요가 있다.

정말 성공하고 싶다면 '나는 돈 벌고 성공하면 가꿀래!'가 아니라 지금부터 성공자의 모습을, 미래의 당신의 모습을 만들어내야 한다. 손톱, 헤어스타일, 향기, 입 냄새, 복장, 신발까지 모든 것을 말이다. 나는 담배를 피우지 않음에도 불구하고 하루에도 가글을 5번 이상하고 수시로 구강 청결제를 뿌린다. 사무실과 내 차에는 언제나 손톱 깎기가 비치되어 있어, 수시로 손톱을 점검한다. 그리고 밖에 나가기 전에는 항상 구두를 닦고 미팅이 있는 날은 너무나 귀찮아도 비비를 얼굴에 바른다. 그것이 나를 만나는 사람에 대한 예의고 매너라고 생각하기 때문이다. 아무리 피곤해서 죽을 것 같은 날에도 미팅에 들어가는 그 순간은 안규호가 아닌 내가 만들어내고 싶은 나로 변해서 들어간다. '안대장'으로 말이다. 그리고 누구보다 당당하고 자신감 넘치게 미팅에 임한다.

말만 하는 게 아니라 보여줘라.

그렇게 상대에게 신뢰를 주고, 경청으로 공감을 쌓았다면 보여주면 된다. 말을 잘하다는 것은 엄청난 능력이지만, 그보다 더 좋은 능력은 고객에게 말만 하는 것이 아니라 직접 보여주고 그들이 직업 체험하게 만들어주는 것이다.

세계적인 미국의 기업 〈코닝글라스〉는 깨지지 않는 안전유리를 개발했다. 그런데 이 혁신적인 기술에도 불구하고 높은 가격이 걸림돌이 되어 시장에서 소외받게 되었다. 엄청난 비용을 마케팅에 쏟아 붓고 수많은 영업사원들을 뽑고 전문가들을 모셔왔지만 소용없었다. 안전유리라는 혁신적인 제품은 높은 가격이라는 걸림돌에 시장에서 계속 소외되고 있었다. 하지만 단 한명의 영업사원이 이 시장의 판을 완전히 뒤바꿔 놓았다.

그는 일 년 만에 미국 북부에서 최고의 실적을 거두었고 미 전역에서 최다 판매상을 수상했다. 그리고 회사 내에 모든 사람들은 그의 비결을 궁금해 했다.

"도대체 어떻게 지금까지 아무도 해내지 못했던 그 비싼 유리를 이렇게 팔 수 있는 거지?"

그의 대답은 간단했다. 그냥 고객이 직접 눈으로 보고 느끼고 체험할 수 있도록 해줬다는 것이 그의 비결이었다. 그는 다른 영업사원들처럼 전단지를 가지고 다니지 않았다. 스스로 많은 비용을 들여 유리를 구매하였고, 유리를 6인치의 크기로 만들어서 뾰족한 쇠망치와 함께 가방에 가지고 다녔다. 그리고 고객을 만나면 이렇게 이야기했다.

"깨지지 않는 유리가 있다는 거 알고 있으신가요?"

"에이, 그런 게 어디 있어요?"

"보여드릴까요?"

그리고 가져온 쇠망치를 꺼내 유리를 힘차게 내려쳤다. 고객들은 깜짝 놀라지만 이내 정신을 차리고 그 제품에 관심을 갖는다. 그리고 믿을 수 없다는 표정으로 이 제품을 만지며 이것저것 물어본다. 그때 자연스럽게 계약서를 꺼내며 "써보시겠어요?"라고 말했다고 한다. 이 방법이 알려지자 회사는 모든 직원들에게 6인치의 샘플과 쇠망치를 지급하였다. 이 방법 하나로 〈코닝글라스〉는 미국 최대의 글라스 회사가 될 수 있었다.

제발 고객을 말로만 현혹시키려고 하지마라. 그래봐야 다른 평범한 영업사원과 다를 바 없이, 입으로만 먹고 살려고 하는 그저 그런 영업사원이 될 뿐이다.

내가 지금까지 만났던 보험, 카드, 캐피탈의 모든 영업사원들이 자신의 제품은 무형의 제품이라서 힘들다고 말했다. 〈코닝글라스〉 회사의 수백, 수천의 영업사원들도 자신들의 제품을 가지고 무형의 제품이다. 가격이 다른 제품들보다 비싸다. 브랜드가 약하다등 온갖 핑계를 앞세웠다. 그러나 단 한 명의 영업사원이 무형의 제품을, 가지고 다니는 유형의 제품으로 만들어냈고 시장의 판을 바꿔놓았으며, 회사의 운명을 바꿔버렸다. 세상에 무형의 제품은 없다. 그 제품을 무형으로 끝내는 영업사원과 유형으로 만들어내는 유능한 영업사원만이 존재할 뿐이다.

안규호

어떤 사람들은 나를 거짓말쟁이라고 한다. 어떻게 29살에 신용불량자였으며 노숙까지 했다는 인간이 지금에 월에 1억 넘는 수익을 올리고 시그니엘에서 살 수 있냐고 말한다.

'21세기 대한민국에서 노숙자가 어떻게 있을 수 있어? 어떻게 몇 년 만에 그렇게 변할 수 있지? 분명히 뒤에 소속사가 있거나, 불법적인 일을 했을 거야!'

여러 가지 추측이 난무한다. 이해한다. 예전의 나라도 당연히 그렇게 생각했을 거 같다. 너무 스토리가 극적이지 않은가. 하지만 충분히 가능한 일이다. 중졸학력에 신용불량자인 나도 했는데 왜 당신에게는 이런 일이 없을 거라고 스스로 한계를 만들어내는가?

세상에서 나를 가장 사랑하는 건 우리 어머니다. 지금 성공한 사업가라고 하지만 우리 어머니에게 나는 아직 눈에 넣어도 안 아픈 어린 아이다. 그런 우리 어머니조차 내가 새로운 도전을 할 때마다 말리곤 하셨다.

"규호야, 하지 마, 지금 하는 거 해, 지금 잘하고 있잖아."

많은 도전들을 성공시켰지만, 그 중 당연히 실패할 때도 있다. 그때마다 어머니는 너무나 속상해 하시면서 화 아닌 화를 내셨다.

"거봐, 엄마가 하지 말랬지."

나와 우리 형을 누구보다 믿어주셨고 형은 변호사로, 동생은 사업가로, 없는 집안에서 누구보다 우릴 멋지게 키워주신 우리 어머니다. 세상에서 내가 가장 사랑하고 존경하는 사람이기도 하다. 그런 우리 어머니도 내가 나이가 먹을수록, 그리고 어머니가 나이를 먹어갈수록 이제는 도전보다는 걱정과 안정을 더 추구하는 것 같다. 하지만 나는 어머니와 달리 우리 아이가 새로운 도전을 하고 실패했을 때는 이렇게 말해주고 싶다. "왜 잘 안됐다고 생각해? 잘 안 된 원인은 뭐야? 이 일로 너는 어떤 것들을 배우고 얻었어?"

세상에 실패는 없다. 성공으로 향하는 과정만 있을 뿐이다.

세상에 실패가 어디 있겠는가, 계속해서 새로운 도전을 하고 거기서 수정하고 보완하며 또 다시 실행하고 계속해서 앞으로 나아가는 과정인 것이다. 실패냐 성공이냐의 차이보다, 그 시간동안 무엇을 얻었느냐가 중요할 뿐이다.

세상에서 나를 가장 사랑하고 나의 성공을 간절히 꿈꾸는 우리 어머니조차도 나의 한계를 계속해서 규정했다.

'힘들 거야. 어려울 거야, 아무나 할 수 있는 게 아니야, 큰돈을 벌고 큰 성공을 하는 사람은 태어날 때부터 다른 거야.' 나를 가장 사랑하는 사람조차도 나를 믿어주지 않는데, 나조차도 나를 믿지 않으면 도대체 누가 나를 믿어줄 것이며, 또 나의 꿈을 이룰 수 있겠는가?

나와 친하게 지내는 자수성가한 사업가들의 이야기를 들어오면 '진짜 이렇게까지 어려웠다가 이렇게 많은 돈을 버는 것이 가능하다고?'라는 생각이 든다. 월에 1, 2억은 너무 당연한 것이고, 순이익이 1년에 몇 백, 몇 천 억씩 나는 회사들이 있고, 그 회사의 CEO들은 당연히 존재하는 사람들이다. 그것도 자수성가한 젊은 부자들이다.

물론 부자들의 이야기라고 맹신할 수는 없다. 분명히 진짜와 가짜는 구분을 해야 한다. 당신이 보는 세상에서는 가짜가 더 많을 수 있을 것이다. 그래서 믿지 못하고 당신의 꿈을 향해 직진하지 못하는 것이다. 수많은 유튜버들, 사업가들이 사기를 쳤고, 그게 수면 위로 떠오른 적이 많기 때문이다. 하지만 단언컨대, 내가 보는 세상에서는 진짜가 더 많다. 나는 지금 그런 세상 속에서 살고 있다. 모텔 카운터에서 알바를 하던 사람이 〈야놀자〉라는 거대한 플랫폼을 만들어냈고, 전문대 나온 직장인이 〈배달의 민족〉이라는 세계적인 기업을 만들어냈다. 또 별 볼일 없이 살아가던 어떤 남자는 거대한 외식기업을 만들어냈으며 중졸의 영업사원은 연봉 10억이라는 꿈을 달성했다.

당신의 꿈과 목표를 명확하게 하고, 미래만을 보고 달려라.

왜 이런 일이 당신에게서는 일어나면 안 되고 안 될 것이라고 생각하는가?

'뱁새가 황새 따라가려면 가랑이 찢어진다.'

이 말은 한계를 가르치는 말이지 도전을 가르치는 말이 아니다.

당신의 꿈과 목표를 명확하게 하고 미래만을 보고 달려라. 이미 이루어진 것처럼 생각하고 행동하고 말해라. 지금부터 5년 전인가 내가 멘토로 삼는 사람이 시그니엘에 입주하는 것을 보면서 그에게

SNS로 메시지를 보냈었다. '3년 안에 저도 그곳으로 이사를 갈 겁니다.'

그리고 3년 뒤, 시그니엘에 이사를 와서 그에게 메시지를 다시 보냈다. '저 진짜 시그니엘에 왔습니다.' 그리고 그 후, 그 분과 현재는 형, 동생으로 지내고 있다.

당신의 꿈이 이루어지는 날, 나를 좋아하는 사람이라면 나에게 메시지를 보냈으면 좋겠다. 함께 술 한 잔을 기울이며 당신의 스토리를 듣고 이야기를 나눌 테니 말이다. 더 높은 곳, 더 좋은 곳에서 함께 하길 바란다. 그러니 스스로의 한계를 규정짓거나, 절대로 포기하지 마라. 당신은 반드시 성공할 것이다.

안규호

조성재

02

매년 고객 누적률 20%를 달성하는,
연봉 10억 이상의 자산관리사

'평범하지 않은 결과를 원한다면
평범하지 않은 노력을 해야 한다.'

연봉 10억을 넘긴 뒤로 본인의 연봉을 공개하지 않는 중이다. 오랜 기간 축적된 고객 재무설계의 노하우와 경험을 바탕으로 국내 최고의 자산관리사들을 육성하는 KH자산관리법인의 조성재 본부장, KH자산관리법인 창립 멤버이자, 해외무역거래의 기반을 두고 있는 KH자산관리법인의 해외무역거래 등 재무제표를 통한 기업분석에 능통하고 법인체계를 확립하는데 필요한 능력을 겸비하고 있다. 현재 수많은 고액자산가와 고액 연봉자들의 자산관리를 도맡아 하고 있으며, 어린 나이에 본부장이라는 무거운 타이틀을 지니고 있지만 아직 사원 못지않게 활발한 영업을 하고 있다. 자신이 영업을 못하면서 직원들에게 시키는 못난 상사는 되지않겠다. 라며 연간 고객 누적률 역시 20퍼센트를 넘기고 있다. 이젠 보험설계사들을 '진짜' 자산관리사로 육성하기 위해 체계적이고 차별화된 금융 시스템을 공유하고 있다.

E-MAIL : jotjdwo@naver.com

나는 왜 영업을 선택했는가?

잘하는 일과 좋아하는 일, 어떤 일을 해야 할까? 나이를 불문하고 누구나 한 번쯤 고민해 봤을 문제이다. 당신이라면 어떤 것을 선택하겠는가? 나의 결정은 "돈 버는 일을 해야 한다." 였다. 아무리 잘하고 좋아하는 일이라고 해도 돈을 벌지 못한다면 과연 그 일을 꾸준히 할 수 있을까? 처음에는 무조건 돈을 쫓아가야 한다. 어쩔 수 없다. 돈을 벌어서 본인을 세상에 증명해야 한다. 명심하자. 꾸준하게 좋아하는 걸 지속하기 위해서는 결국 '돈'이 되어야 한다.

가난했던 어린 시절, 돈이 필요했다.

학창 시절 길가에 파는 1,000원짜리 붕어빵도 사 먹지 못할 만큼 우리 집은 가난했다. 아버지는 중학교 시절 알코올 중독으로 건강이 좋지 않아 10년 넘게 일을 못하고 계시고, 어머니는 반찬가게에서 직원으로 일하고 계신다. 하지만 나는 가난이 부끄럽지 않았고 부모님을 한 번도 원망해 보지 않았다. 가난한 집안에 태어난 게 죄도 아닐뿐더러, 내가 운명을 바꿀 수 있다는 확신이 있었기 때문이다. 그렇기 때문에 나는 당연히 돈이 필요했고, 돈을 벌어야 했다. 사연 없는 사람은 없다.

많은 사람들이 다양한 이유와 사연을 가지고 영업을 시작한다. 집안이 좋지 않아서, 경제적 자유를 위해서, 학벌이 좋지 않아서, 재

조성재

능이 특출 난 게 없어서, 사업에 실패해서, 영업을 해보고 싶어서, 새로운 도전을 위해서, 사람 만나는 게 좋아서..

하지만 영업이라는 직업을 선택했다면 사연은 그만 설명하고 돈부터 벌어라. 시작한 이유와 사연은 잊을 만큼 돈을 벌어라. 그렇다면 본인이 진정으로 하고 싶은 것들을 하게 될 거라고 확신한다.

나는 지금의 상황을 바꾸겠다는 강한 열망과 돈을 벌겠다는 강한 열망으로 영업에 뛰어들었다. 영업을 시작했다면 영업에 집중하여 누구보다 돈을 벌겠다는 강한 열망을 품어야 한다. 강한 열망이 없다면 사무실에 앉아서 생각만 하다가 과감히 행동할 수 없다. 명확한 목표와 치밀한 계획이 있다고 한들 행동하지 않는데 바뀌는 게 있겠는가. 강한 열망이 없다면 본인이 직면한 문제에 대해서 고민하고 생각하는 것조차 깊게 하지 못한다.

강한 열망으로 미친 듯 노력해라.

"인간은 살아있기 위해 무엇인가에 대한 열망을 간직해야 한다."

마가렛 딜란드의 말처럼 살아있음을 느끼고, 본인을 세상에 증명하기 위해서는 더 간절히 열망해야 한다. 아무것도 하지 않으면 아무 일도 일어나지 않는다. 영업을 이제 시작했든, 영업을 오래 했든, 짧게 했든 현상 유지나 하는 편안함에 안주하지 말고 돈을 벌겠다는 강한 열망을 가슴속에 품자. 단언컨대, 그 열망의 수준에 따른 결과물이 정확히 본인에게 돌아올 것이다

평범한 노력은 노력이 아니다.

작년 나는 골프 레슨을 받기 시작하였다. 원래 도전은 첫 시작이 가장 뜨거운 법. 나 역시 골프를 시작하고, 하루 빨리 골프 실력을 늘리고 싶었다. 시간 날 때마다 연습해야 실력이 쌓인다는 골프 선생님의 당연한 말씀에 저녁 업무를 마치고 틈틈이 시간을 내서 골프 연습을 했다. 손바닥에 물집도 잡히고, 굳은살이 점차 늘어가기 시작했다. 하지만 골프 실력은 노력에 비해 성장할 기미를 보이지 않았다. 여느 날과 다름없이 골프 레슨을 받고 있는데 열심히 연습한 나의 속마음도 모르고 선생님께서는 지금보다 더 많이 연습해야 늘 거라는 말씀을 하셨다. 당연한 소리였지만 답답한 생각이 들었고, 그때 예전에 선생님과 나눈 대화가 머릿속에 스쳐 지나갔다. 골프 프로선수들의 연습량에 대한 이야기였다. 프로선수들도 하루 종일 연습하지 않고, 몸에 무리 가지 않는 선에서 연습량을 소화한다는 선생님의 말씀이 생각났다. 나는 선생님에게 프로선수도 몸에 무리 가지 않는 선에서 연습을 하는데 나는 왜 그보다 더해야 하는지 억울함을 호소했다. 웃으면서 선생님은 나에게 이렇게 대답했다.

"프로가 아니니깐 더 해야죠."

프로가 아니라면 죽을 만큼 해야 한다.

그 말을 들으니 뒤통수를 망치로 세게 맞는 기분이었다. 너무 맞는 말이었다. 내가 만약 프로선수처럼 잘 치고 싶다면 그보다 더 연습

조성재

해야 한다. 프로선수들이 지금 그렇게 연습하지 않더라도 그들은 프로선수가 되기 위해 분명 피나는 노력을 했을 것이다. 영업도 이와 같다. 처음 시작하자마자 프로가 될 순 없다. 프로가 아니니, 프로가 되고 싶다면 프로들이 했던 만큼 움직여야 프로가 될까 말까라는 말이다. 그 노력의 과정을 무시하고 프로가 되는 기적은 절대 일어나지 않는다. 영업을 시작하고 처음 강의하는 자리가 생긴 적이 있다. 나는 그전까지 선배님들의 교육을 듣기만 했지, 내가 직접 교육을 진행해 본 적은 없었다. 강의 요청이 들어와도 나는 내 영업에 집중하고 싶었기 때문에 계속 말을 돌리거나, 거절을 했었다. 그렇기에 당연히 PPT를 제작해 본 적도 없었고, 어떻게 말해야 할지도 몰랐지만 그때는 거절할 수 없는 상황이었고, 어쩔 수 없이 강의장에 서게 됐다. 아직도 내가 했던 허접했던 강의 내용이 생생히 기억난다. 정말 누가 듣더라도 난생 처음 강의해 보는 사람이었을 것이다. 성의라고는 보이지 않는 흰색 배경에 검은색 글씨로 작성한 PPT를 가지고 내심 열정을 다해서 내가 영업 했던 기본적인 활동량에 대해서 고래고래 떠들었다.

"하루에 전화 몇 통 하시나요?"

"저는 하루에 300통도 해봤어요."

"하루에 몇 명을 만나시나요?"

"저는 하루에 5명 이상 만납니다."

"주말에는 어떻게 보내시나요?"

"저는 주말도 똑같이 5명을 만났습니다."

참 단순하고 볼품없는 내용을 가지고, 당연한 소리를 떠들다가 내려왔다. 내가 강의하고도 뻘쭘할 정도였다. 하지만 내 생각과는 다르게 강의를 들었던 분들의 반응은 나쁘지 않았다. 뿌듯한 마음으로 돌아가려는 순간 강의를 들었던 선배 한 분이 나에게 다가와 칭찬 한마디를 해주셨다.

"영업에 타고난 사람이네요. 천재 같아요."

숨이 턱 막혔다. 천재라는 소리는 태어나서 한 번도 들어보지 못했다. 내가 천재라니, 나는 천재라는 소리가 좋아서 숨이 턱 막혔을까? 아니다. 천재라는 소리를 듣자마자 기분이 좋지 않았다. 분명히 그 선배는 나에게 칭찬의 의미로 얘기했겠지만, 나는 다르게 받아들일 수밖에 없었다. 우리가 손흥민 선수에게 천재라고 칭찬하면 좋아할까? 혹은 김연아 선수에게 천재라는 칭찬을 하면 좋아할까? 천재니깐 축구를 잘한다. 천재니깐 피겨스케이팅을 잘한다라는 말은 천재라는 단어로 손흥민 선수와 김연아 선수의 피나는 노력을 무시한 격이 될 수도 있다.

평범하지 않은 결과를 원한다면 평범하지 않은 노력을 해야 한다.

대부분의 사람들은 결과만을 바라보고 단정하는 습관을 가지고 있다. 많은 분야에 위대한 인물들을 천재라고 정의함으로써 본인과는 다른 분류의 사람으로 단정 짓는다. 하지만 과정의 법칙을 무시하면 안 된다. 과정이 있어야 결과가 만들어진다. 천재라서 성공한 것이 아니다. 재능이 뛰어나서 성공한 것이 아니다. 우리가 생각하는 평범한 노력을 뛰어넘은 평범하지 않은 노력을 통해 천재가 되어 성공한

조성재

것이다.

　　나는 가끔 직원들에게 농담 반 진담 반 "직원들이 더 고통스러웠으면 좋겠다."라고 이야기한다. 지금 고통스러울 정도로 노력하고 있다면 고통의 크기만큼 성장하게 될 거라고 믿는다. 고통 없는 성장은 없다. 본인이 원하는 목표를 위한 노력을 통해 고통스럽다면 잘하고 있는 것이다. 나는 머리가 똑똑하지 않았고, 뛰어난 재능도 없었고, 인맥도 좋지 않았고, 가난했다. 똑똑하지 않았기 때문에 남들이 1시간 책을 읽으면 10시간의 책을 읽어야 했고, 인맥이 좋지 않았기 때문에 남들이 3명 만날 때 30명을 만나야 했고, 뛰어난 재능이 없었기 때문에 남들이 하는 배의 노력을 해야 된다는 걸 알고 있었다. 또한 가난한 집안에 태어났기 때문에 누구보다 돈이 간절했기에 우선 움직였다. 만약 5년 전으로 돌아갈 것인가?라는 질문을 누가 한다면 나는 절대 돌아갈 생각이 없다. 내가 다시 그때로 돌아가 그때와 같은 노력을 할 자신이 없기 때문이다. 당연히 과거에 대한 후회 또한 없다. 우리는 매일 매일 후회 없는 노력을 해야 한다. 〈신은 스스로 돕는 자를 돕는다.〉라는 말이 있다. 신이 당신을 돕지 않으면 안 될 정도로 노력해야 한다. 명심하자. 평범하지 않은 결과를 원한다면 평범하지 않은 노력을 해야 한다.

자신의 한계를 규정짓지 마라.

미국의 유명한 곤충학자인 루이저 로스차일드 박사는 벼룩을 통한 실험을 했다. 세상에서 가장 작은 곤충 중 하나인 벼룩은 1미터 이상

점프할 수 있는 능력을 가지고 있다고 한다. 그런 벼룩을 투명한 유리병에 넣어 뚜껑을 닫아놓아 의도적으로 능력을 제한하면 어떤 일이 일어나는지 관찰하는 실험이었다. 처음 병에 들어간 벼룩은 뛰기를 반복하지만, 며칠간 뚜껑에 부딪히게 되어 충격을 받고, 그 충격은 벼룩에게 고스란히 전달된다. 그 고통은 1미터 이상을 점프하는 벼룩의 한계를 조절하게 되어 벼룩은 유리병 뚜껑에 부딪히기 직전까지만 뛰게 된다. 그리고 유리병에 갇혀있던 벼룩을 유리병에서 꺼내 놓았을 때도, 마찬가지로 벼룩은 유리병 높이 이상을 뛸 수 없게 된다. 유리병 안에서 있었던 충격으로 인해 충격이 없는 삶을 벼룩이 스스로 선택한 것이다. 유리병 안에서 태어난 아기 벼룩들도 마찬가지다. 환경에 적응해 1미터를 뛸 수 있는 점프력을 가지고 있음에도 기존 벼룩들과 똑같이 유리병 높이까지 뛰게 된다. 기존의 점프력을 잃어서가 아니라 유리병 안에서의 경험을 통해 벼룩이 스스로 정해놓은 한계를 넘어서지 못하기 때문이다. 본인에게 스스로 한계를 만들고 습관적으로 그 안에 자신을 가두는 것은 벼룩만의 습성은 아니다.

사람들도 마찬가지다. 본인이 만들어낸 한계 때문에 할 수 있음에도 하지 않는 사람들을 쉽게 볼 수 있다. 본인이 만든 한계가 아닌 남이 정해준 한계를 받아들이는 사람 또한 마찬가지다. 우리는 사람이지 벼룩이 아니다. 본인만의 유리병을 깨뜨려야 한다. 본인이 정한 한계, 남들이 정한 한계를 깨뜨려야 더 높은 곳으로 갈수 있다. 대부분의 영업인들은 "한계를 높여야 한다, 기준점을 높여야 한다."고 이야기하면 영업 실적을 높여야 한다는 생각을 먼저 한다. 하지만 한계

　　　　　　　　　　　　　　　　　　　　　　　조성재

는 영업 실적에만 있는 것이 아니다. 생각에도 한계가 있고, 행동에도 한계가 있고, 관계에도 한계가 있고, 사고방식에도 한계가 있다.

변명할 시간에 하나라도 더 해라.

내가 처음 영업조직을 육성하며 했던 실수는 직원들의 변명에 동요했던 것이다.

"만날 사람이 없다. 인맥이 좋지 않다."라는 말에 동요되어 직원들과 같이 한계를 낮춰 행동한 것이다. 나는 인맥이 좋아서 영업을 시작한 것도 아니고, 만날 사람이 많아서 영업을 시작한 게 아니다. 그런데 직원들의 핑계에 기준을 맞춤으로써 팀 전체의 성장이 멈췄던 경험이 있다. 그 때 확실히 느꼈다. 부족하면 더 해야 한다. 어렵다면 더 연습해야 한다. 연습해서 안 된다면 방법을 바꿔야 한다. 하지만 나는 직원들의 상황을 공감한답시고, 직원들에게 내가 먼저 유리병을 씌움으로써 성장을 멈추게 했다. 여러분들은 절대 내가 했던 실수를 하지 않기를 바란다.

'이만하면 됐어. 이렇게까지 했으니 될 거야. 이건 불가능해. 이건 절대 못해.'

본인 스스로의 한계를 만드는 부정적인 생각을 반드시 버리길 바란다. 그런 생각들이 모여서 본인 스스로를 유리병 안에 가두게 만든다.

10명의 사람이 있다. 10명이 다 같이 손을 잡고 길을 걷고 있다고 생각해 보자. 걸음걸이 속도를 정하는 건 누구일까? 걸음걸이가 가장 빠른 사람? 가장 힘이 센 사람? 아니다. 걸음걸이가 가장 느린 사람이다. 가장 느린 사람이 10명의 걸음 속도를 정한다. 내가 이런 이야기를 하는 이유는 대부분의 영업인들은 모든 걸 다 잘하려고 한다. 하지만 영업에 있어서 한 번에 다 잘할 생각은 반드시 버려야 한다. 우리는 그렇게 다방면에 있어서 천재가 아니다. 다 잘하려고 하는 순간, 집중력이 분산되고 집중력이 분산되니 시간 관리도 분산되고 결국에 성장 속도는 빨라질 기미가 보이질 않는다. 처음부터 다 잘할 순 없다.

하지만 이 문제를 해결하기 위한 가장 쉬운 방법이 있다. 영업을 잘하기 위해 필요한 것들 10가지를 종이에 나열해보자. 나열한 10가지 목록에 100점 만점 기준으로 본인의 점수를 매기고, 10가지 중 가장 낮은 점수를 준 목록을 선택한다. 이때 가장 낮은 점수를 받은 목록을 먼저 집중하여 점수를 올려야 한다. 가장 낮은 점수를 준 목록을 올리는 게 가장 빨리 결과를 바꿀 수 있다. 높은 점수를 더 올리는 것보다 낮은 점수를 올리는 게 평균값을 가장 빠르게 바꿀 수 있는 행동이다. 예를 들어 고객 창출 능력 - 30점, 상담스킬 능력 - 70점, 고객 관리 능력 - 90점이라고 했을 때 가장 낮은 점수인 고객 창출을 늘리는데 집중하는 것이다. 다시 한 번 이야기하지만 우리는 모든 걸 다 잘하는 천재가 아니다. 분수를 알아야 무엇을 어떻게 할

조성재

지 보인다. 하지만 이것보다 더 중요한 것이 있다.

"할 수 있다."라는 생각을 먼저 하는 것이다. '할 수 있다.'라는 생각을 동반해야 답이 보이고 계획이 보인다. 아무리 쉬운 일도 '할 수 없다.'라는 생각이 든다면 할 수 없게 된다. 단 한 번이라도 '할 수 없다'라는 생각을 하는 순간 말도 안 될 정도의 많은 핑계거리들을 만들게 된다. 시간이 없다, 사람이 없다, 돈이 없다, 능력이 없다 와 같은 없는 것들만 머릿속에 나열하게 되면 벼룩과 같이 본인을 유리병에 가두는 행위밖에 되지 않는다. 영업을 하면서 〈할 수 없다.〉라는 생각이 들었던 적이 있는가? 그 생각을 〈할 수 있다.〉라는 생각으로 바꿔라. 그전에 보이지 않았던 해결책이 보이기 시작할 것이다.

현상 유지는 도태일 뿐이다.

"같은 방법을 반복하면서 다른 결과를 기대하는 것은 정신병 초기 증세이다."

내가 좋아하는 아인슈타인의 명언이다. 우리는 같은 방법, 같은 생각, 같은 행동을 하면서 다른 결과를 기대하는 실수를 저지른다. 같은 방법을 반복하면서 다른 결과를 기대하는 것은 미친 짓인 걸 알아야 한다.

어느 날 뉴스 기사에 나온 내용이다. 코로나 팬데믹 이후 힘든 자영업자들이 버티기만 하면 성공한다는 기사 내용이었다. 그 기사를 읽는데 어이가 없어서 헛웃음이 나왔다. 절대 버텨서 바뀔 문제는 없다. 버티기만 한다면 현상 유지일 뿐이다. 현상 유지한다는 생각을 품는 순간 성장에 있어 내리막길이 시작된다. 성장하지 않으면 도태될 뿐이다. 버티기만 할 것이 아니라 방법을 바꿔야 한다. 영업도 마찬가지다. 버티기만 해서는 바뀌는 건 없다. 꾸준히 하되 버틴다는 생각을 버리고 방법을 계속 바꿔 실행해야 한다. 나 역시 똑같은 실수를 반복할 때가 있지만, 그럴 때마다 스스로를 채찍질하고, 나만의 유리병에 갇히지 않기 위해 노력한다. 현상 유지라는 생각을 버리기 위해서 노력한다. 여러분도 본인만의 유리병이 있지 않은가? 유리병은 힘을 가하면 깨진다. 한계를 깨는 것 역시 힘을 다하면 깰 수 있다. 우리는 벼룩이 아니라 사람이다. 매번 같은 방법을 반복하면서 다른 결과를 바라는 건 정신병 초기 증상이다. 그러니 계속해서 노력하고 성장하자.

파레토 법칙, 20%에 집중하라.

나는 영업에 있어서 가장 중요한 법칙으로 '파레토 법칙'을 꼽는다. '80 대 20법칙', 또는 '2 대 8 법칙'이라고도 하는 파레토 법칙은 이탈리아 사회학자이자 경제학자인 파레토에 의해 발표된 법칙이다. 전체 부 상위 20%의 사람들이 전체 부의 80%를 가지고 있다거나, 매출 상위 20% 고객이 매출의 80%를 창출한다는 법칙인 파레토 법칙은 전체 결과의 80%가 전체 원인의 20%에서 일어나는 현상을 말한다.

영업에 있어서도 파레토 법칙을 적용하여 생각해 볼 수 있다. 파레토 법칙을 이용한다면 영업에 있어서 문제점들이 바로 보이기

조성재

시작한다. 먼저 시간 관리에 대해서 적용해 보자. 영업을 하고 있는 사람이라면 시간관리가 무엇보다 중요하다는 건 잘 알고 있을 거라고 생각한다. 연간 계획, 월간 계획, 주간 계획, 일간 계획을 나눠서 면밀하게 시간 관리하는 문화는 영업조직에 가장 필요하다. 하지만 실제로 시간 관리를 잘하고 있는 영업인은 많지 않다. 파레토 법칙을 시간 관리에 적용하여 문제점을 찾기 위해서는 기존에 시간을 어떻게 썼는지 잘 정리되어 있어야 문제점을 쉽게 찾을 수 있다. 거기에 더 좋은 건 일이 아닌 개인적인 모든 활동을 기록해놓는 것이다. 예를 들어서 개인적인 운동, 독서, 식사, 가족들과의 대화, 가족행사, 집안 청소, SNS 사용 등 평소에 본인이 하는 사적인 활동을 하는 시간도 모두 기재해 놓는 게 좋다. 그렇게 하루하루 정리하여 일주일이, 일주일이 정리되면 한 달 동안 했던 본인의 모든 활동 목록이 나온다. 그다음 특정 활동 시간의 합산을 총 활동 시간으로 나누면 각 활동들의 비율(%)이 나온다. 〈특정 활동 시간 / 총 활동 시간〉 = 특정 활동 시간 비율이다.

　예를 들어 내가 총 활동 시간이 50시간이라고 했을 때 독서를 5시간 했다면 독서에 투입된 시간은 총 10%이다. 그렇게 모든 활동 시간이 정리되었다면 본인이 이루고 싶은 목표를 위해 했던 활동이라고 판단되는 시간의 비율(%)을 모두 합산한다. 그렇게 대부분의 영업인은 본인이 목표를 위해서 투자하는 시간의 합이 전체 시간의 고작 20%에 가까운 숫자라는 걸 알게 된다. 나는 시간 관리를 잘하고 있다고 생각했다. 누구보다 효율적으로 시간을 잘 사용하고 있다고 생각했지만, 실제로 파레토 법칙에 적용해서 계산해 봤을 때 내가 나온 비율은 고작 30%가 채 되지 않았다. 결국 전체 시간의 20%만 내 목표를 위해 시간을 투자하고 있던 것이다. 시간 관리를 잘하고 싶다면 먼저 어떻게 쓰고 있는지 파악하는 게 먼저다. 위에 설명한 방법을 이용하여 목표를 위해 본인이 투자하고 있는 시간을 계산해 보는 걸 추천한다. 한 달 단위를 추천하지만, 그것조차 힘들다면 일주일을 정리해 보아도 좋다. 계산해 본다면 얼마나 많은 시간을 자신의 목표에 맞지 않는 행동을 하는데 시간을 소비하는지 알게 될 것이다.

파레토 법칙을 고객 관리에도 적용하기.

파레토 법칙은 고객 관리에도 적용할 수 있는데, 고객 관리는 시간 관리 보다 더 빠르게 계산할 수 있다. 본인 고객들의 계약 금액을 많은 순서대로 나열하고 상위 20% 고객을 계산하면 된다. 예를 들어 고객이 100명이라고 했을 때 계약 금액 상위 20명의 고객을 합산한다. 그리고 상위 20명의 계약 금액을 합산한 후 총 계약 금액을 나누면 된다. (상위 20% 계약 / 총 계약) = 상위 20%의 전체 계약 비율인 것이다. 이 결과를 본다면 고객 관리에 있어서도 파레토 법칙이 적용된다는 걸 공감할 것이고, 왜 파레토 법칙이 VIP 마케팅의 근거가 되는지 알게 될 것이다. 고객 관리에 있어서 파레토 법칙을 적용해 본 이유는 따로 있다. 대부분 영업을 시작하면 만나는 모든 사람에게 친절한 태도를 취한다. 물론 친절한 것이 잘못된 건 아니지만 대부분 영업을 시작하면서 모두에게 친절을 베풀기 시작한다. 상대가

조성재

누구든 고객으로 만들기 위해서 친절을 아낌없이 베푼다. 하지만 이때 반드시 기억해야 할 팀 페리스의 명언이 있다.

> "성공을 향한 확실한 길은 없지만 실패를 향한 분명한 길은 바로 모든 사람들을 만족시키려는 시도다."

팀 페리스의 말처럼 나는 영업에 있어서 모두에게 다 잘하려는 건 시간 낭비라 생각한다. 중요한 건 모두에게 다 잘하는 게 아닌, 더 잘해야 하는 사람들에게 잘하는 것이다. 본인을 누구보다 신뢰하고, 믿어주고, 진심으로 생각하는 고객님들에게 더 잘하는 태도다. 분명 영업인이라면 예의를 갖춰 고객님들에게 도움을 드려야 하는 건 맞지만, 영업을 하다 보면 어쩔 수 없이 본인과 맞지 않는 고객도 만나게 된다. 이때 나는, 본인과 맞지 않는 고객과는 무리한 상담을 권하지 않는다. 본인과 맞지 않는 고객과의 감정 소비, 시간 소비를 할 바에는 본인이 더 잘할 고객님들에게 더 집중하는 게 더 좋은 결과로 만들 수 있다. 파레토 법칙만 적용해도 본인에게 맞지 않는 고객이 본인 영업에 있어서 큰 영향을 주지 않는다는 걸 알게 될 것이고, 대기업에서 VIP 고객을 필수적으로 나누어 다른 서비스를 제공하는 이유 역시 이해할 수 있게 된다.

다양하게 활용할 수 있는 파레토 법칙.

고객의 수를 최소 50명까지 늘렸다면 파레토 법칙을 사용하여 계약자 수를 무작정 늘리는 것이 아닌 본인이 더 잘할 고객을 늘릴 노력을 해야 한다. 파레토 법칙은 시간관리, 고객 관리에서 끝나는 게 아닌 세일즈 화법, 영업 조직 관리, 타겟팅 설정까지 다양한 방법으로 생각해 볼 수 있다. 생산성이 낮은 활동을 높은 수준으로 올린다면 결국 성과는 기하급수적으로 높아질 수 있다. 많은 사람들이 자신에게나 다른 사람들에게 별 가치 없는 일에 대부분의 시간을 소비한다. 시간을 투자하는 것이 아닌 말 그대로 소비를 하는 것이다. 그렇지만 파레토 법칙을 활용한다면 이런 함정에 빠지지 않고 본인이 원하는 목표를 달성할 수 있는 시간을 단축시켜 줄 거라고 확신한다.

스스로 불타는 사람이 되자.

일본 최고의 경영자이자 교세라 그룹의 창업자 〈이나모리 가즈오〉는 사람을 가연성, 불가연성, 자연성으로 분류했다. 자연성 인간은 스스로 열정의 불씨를 태우는 사람, 가연성 인간은 자연성 인간 옆에서 같이 타오를 수 있는 사람, 불가연성 인간은 도저히 타오르지 않는 사람이다. 당신이 영업을 시작했다면 반드시 자연성 인간이 되어야 한다. 혹여 자신이 불가연성 인간이라고 생각되고 본인을 바꿀 마음도 없다면 영업을 그만두는 게 낫다. 영업조직에 불가연성 인간이 있다면 가연성, 자연성 인간들에게까지 열정의 불씨를 꺼트려 피해를 준다. 하루빨리 더 나은 결과를 만들고 본인을 성장시키기 위해서는 스스로 불타는 습관을 익혀야 한다. 대부분의 영업인들은 가연성 인간이 많다. 그렇기에 주변 영향을 굉장히 많이 받는다. 만약 본인이 가연성 인간이라고 판단된다면 먼저 열정의 불꽃을 시들게 하는 불가연성 사람들을 반드시 멀리해야 한다.

사람은 끼리끼리 어울리게 되어있다.

긍정적인 사람 주위에는 긍정적인 사람이 많고, 부정적인 사람 주위에는 부정적인 사람이 많다. 자연성 인간 주위에는 자연성 인간이 많고, 불가연성 인간 주위에는 불가연성 인간이 많다. 성공하고 싶다면 먼저 본인에게 부정적인 영향을 주는 사람과 멀어져야 한다. 불가연성 인간들과 멀어졌다면 자연성 인간들과 함께하는 시간을 늘려야 한다. 스스로 불타는 사람들과 함께하는 시간이 많아질수록 스스로 불타는 사람이 될 수 있다. 나는 학창 시절 불가연성 인간이었다. '힘들어. 피곤해. 그걸 내가 어떻게 해. 난 못해.' 라는 말을 입에 달고 살았고, 할 수 없는 이유만을 주변에 외쳤다. 그러니 당연히 주변에도 자연성 인간보다는 불가연성 인간이 많았다. 하지만 어느 순간 결국 남이 아닌 내가 문제라는 걸 깨닫고 자연성 인간들과 함께하려고 노력했고, 나를 불타게 하는 글만을 읽고 나를 불타게 하는 영상만을 고집했다. 읽고 쓰고 듣는 모든 것들을, 스스로 불타기 위해 도움이 되는 시간들로 채우기 위해서 악착같이 노력했다.

그렇게 나는 악착같은 경험을 통해 나 스스로를 자연성 인간으로 바꿔 나갔다. 성공하고 싶다면 본인 주변에 있는 모든 것들을 스스로 불타게 하는 것들로 하나하나 채워나가야 한다. 어떤 일이든 그 일을 이루어내려면 스스로 활활 타올라야 한다. 잠깐 불이 타올랐다가 꺼지는 하루살이 열정이 아닌, 꺼지지 않는 열정의 불꽃으로 스스로를 태워야 한다. 본인을 변화시키는데 시간을 투자한다면, 시간은 절대로 당신을 배신하지 않을 것이다. 당신은 어떤 사람인가? 자연성 인간인가? 가연성 인간인가? 불가연성 인간인가? 당신은 어떤 사람이 되고 싶은가?

인생의 주인공은 바로 당신이다.

세계적인 동기부여 연설가인 〈토니 로빈스〉가 강연에서 했던 이야기다. 토니 로빈스는 자신 없어 보이는 남성에게 사자와 양에 관한 이야기를 해준다. 어느 날 새끼 사자가 태어났다. 새끼 사자는 어미 사자와 함께 공격을 받게 된다. 어미 사자는 잔인하게 죽고 아빠 사자는 새끼 사자를 살리기 위해 아기 사자를 숲에 버리고 무리와 싸우다 아빠 사자도 죽게 된다. 그렇게 새끼 사자는 홀로 남게 된다. 새끼 사자가 아는 건 어린 나이에 혼자가 됐다는 것뿐이었다. 그때 양 무리가 새끼 사자에게 다가왔다. 새끼 사자는 부모를 잃었지만 양 무리를 가족이라고 생각하고 양 무리와 함께 생활한다. 새끼 사자는 양처럼 풀을 뜯어 먹고, 양처럼 울음소리를 냈다. 그러던 어느 날 사자 무리가 다가와 새끼 사자 무리의 양을 전부 죽이게 된다. 새끼 사자는 이제 다 컸는데도 두려움에 떨며 양처럼 울었다. 그 때 사자 무리의 우두머리 사자가 다가와서 새끼 사자의 머리를 때리며 이렇게 이야기했다.

조성재

"너 도대체 왜 이러는 거야?"

우두머리 사자는 새끼 사자의 머리를 잡아 질질 끌고 물웅덩이가 있는 곳까지 끌고 간다. 새끼 사자가 본 자신의 모습은 양이 아니었다. 하지만 새끼 사자는 확신이 없었고 본인이 사자라는 걸 인정하지 않았다. 하지만 우두머리 사자는 정신 차리라며 새끼 사자에게 양고기를 억지로 먹인다. 그러자 새끼 사자는 양인 줄 알았던 자신이 누군지를 기억했고, 양의 울음소리 대신 사자처럼 포효하기 시작했다. 나는 이 이야기를 듣고 이야기에 나오는 새끼 사자가 나 일수도 있겠다는 생각을 했다. 나 역시 양처럼 자신이 약한 존재라고 생각했고, 나 자신을 믿지 못했으며 나에 대한 확신이 없었다. 예전의 나처럼, 많은 사람들이 본인이 사자인 걸 모르고 양처럼 생각하고 행동한다. 남과 자신을 비교하며 남의 이야기만을 듣고 남의 이야기만을 하며 본인을 본인 인생에 조연처럼 생각하고 행동한다. 자신이 인생의 주인공임에도 불구하고 조연처럼 살아가며, 자기 자신을 비하하고 비난하는데 너무 많은 시간을 쓴다. 하지만 자신이 자신을 믿지 못한다면 과연 누가 자신을 믿어줄 수 있을까? 남들이 자신을 믿지 않더라도 자신만은 자신을 믿어야 하지 않을까? 결과적으로 자기 자신에 대한 확신이 없으면 이 결과는 영업에 있어서도 똑같이 나타난다. 내가 봤던 영업 실적이 저조해지거나 영업을 그만두는 사람들의 원인은 자신에 대한 확신 부족이다. 누구나 시작은 언제나 뜨겁다. 그렇게 뜨거운 열정으로 인생을 바꿔보겠다는 마음을 가지고 영업을 시작한다.

영업을 시작하고 수차례 깨지면서 거절을 받는다. 이때 거절의 고통, 성장하지 않는 것 같은 두려움과 마음이 반복되면서 영업에 대한 확신이 무너지기 시작한다. 영업에 대한 확신이 없다면 본인이 세일즈 하는 상품에 대한 확신도 없어지고, 본인 직업에 대한 확신도 없어질뿐더러 더 심한 경우는 본인 회사에 대한 확신, 본인 조직에 대한 확신도 없어진다.

자기확신을 키우기 위해 반드시 필요한 2가지.

영업을 한 문장으로 표현한다면 어떻게 표현할 것인가? 나는 영업은 "모든 문제의 해결책"이라고 생각한다. 영업이 직업이라면 모든 문제는 영업으로 충분히 해결할 수 있다. 하지만 영업을 통해서 인생을 바꾸고 싶다면 확신이 있어야 한다. 본인에 대한 확신, 영업에 대한 확신, 상품에 대한 확신, 회사에 대한 확신, 조직에 대한 확신 등 누구보다 확신으로 가득 차있어야 한다. 내가 확신을 키우기 위해서 행하는 2가지 방법이 있다.

　첫 번째는 부정적인 신념을 버리는 것이다. 확신의 반대말은 부정적인 신념이다. 부정적인 신념이 많아지면 확신은 저절로 사라진다. 부정적인 신념을 제거해야 확신이 바로 선다. 부정적인 신념을 완벽하게 제로로 만드는 건 쉬운 게 아니다. 이때 부정적인 신념을 완벽하게 없앨 생각보다는 긍정적인 신념의 양을 늘려 가면 된다. 사람은 누구나 부정적인 생각을 할 수밖에 없다. 하지만 어느 분야에서든 성공한 사람들은 긍정적인 생각이 부정적인 생각보다 강하다는 걸 알고 있다. 긍정은 부정보다 몇 백배는 강하다. 그렇기 때문에 부정적인 생각이 들어올 공간이 없도록 긍정적인 생각들로 가득 채워야 한다. 부정적인 생각의 싹을 잘라야 하고 부정적인 신념의 싹을 잘라야 한다.

확신을 키우기 위한 두 번째 방법은 배움이다. 배워서 해결할 수 없는 문제는 없다. 영업에 대한 확신이 없다면 영업을 잘하기 위해 배우면 된다. 상품에 대한 확신이 없다면 상품에 대해 누구보다 자신 있게 설명할 수 있을 때까지 배우면 된다. 본인에 대한 확신이 없다면 본인이 바라는 성공을 이룬 사람들에게 배우면 된다. 얼마 전 전문 보디빌딩을 하는 분을 만났다. 전문 보디빌더인 만큼 하루도 빠짐없이 하루 세 끼 식단을 한다. 누구보다 음식을 좋아하고 건장한 남자들의 몇 배의 음식을 섭취하는 대식가지만 그런 사람이 어떻게 식단을 꾸준히 할 수 있는 지 정말 궁금해서 여쭤봤다. '어떻게 그렇게 먹고 싶은 음식을 참으며 사시나요?'

그분의 대답은 간단했다

"나는 음식도 좋고 운동도 좋아한다. 하지만 보디빌더로 성공하고자 하는 열망이 음식을 먹고 싶은 열망보다 강하다." 나도 학창시절 누구보다 공부하는 걸 싫어했다. 하지만 공부하는 고통보다 성공하고자 하는 열망이 강했기 때문에 항상 누구를 만나든 배우기를 놓치지 않으려 했고, 책을 쳐다도 보지 않던 내가 현재는 일주일에 1권의 책을 독서하고 독서한 내용을 다시 상기시키기 위해 중요한 문장을 독후감으로 작성하여 메모장에 적어둔다. 또한 도움이 될 만한 세미나는 시간을 쥐어짜서라도 다 들으려고 노력한다. 나도 사람이다. 쉬는 날엔 편안한 마음으로 가족과 시간을 보내고 싶고, 늦잠도 자고 싶고, 친구들과 웃으면서 아무 생각 없이 놀고 싶다. 하지만 하고 싶은 것만, 즐거운 것만 하면서는 내가 원하는 걸 얻을 수 없다는 걸 안다. 명심하자. 고통 없는 성장은 없고, 배움 없는 성공은 없다.

본인에 대한 강한 확신을 갖자. 나는 여러분들이 더 강한 확신을 통해 무엇이든 창조하는 힘을 갖기를 원한다. 영업에 정답은 없다는 말이 있다. 이 책에 나오는 훌륭한 분들의 이야기를 통해서 자신에게 맞는 방법을 습득하여 자신만의 정답을 찾기를 바란다. 당신 인생의 주인공은 그 누구도 아닌, 바로 당신이다. 이젠 조연의 삶을 버리고 주인공의 삶을 살기를 진심으로 응원한다.

조성재

장종오

03

월 수익 1억의
국내 최고 경영 컨설턴트

'끝까지 하는 사람은
끝까지 갈 것이고,
그렇지 않은 사람들은
도태되고 포기하게 될 것이다.'

국내 최고의 경영 컨설턴트로 기업 컨설팅 전문회사 미래비즈니스지원센터 대표이다. '2021년 대한민국 프리미엄 브랜드 대상' 경영 컨설팅 부분에 수상하였으며 꾸준히 중소기업 소상공인들의 권리를 찾기 위한 서비스를 제공하고 있다. 다른 한편으론 휴대폰판매, 양산판매, 제약회사, 보험회사 그리고 현재까지 10년이 넘는 기간 동안 다양한 영업현장 경험을 바탕으로 월 수익 1억을 이룬 노하우를 대한민국 영업인들에게 공유한다.

E-MAIL : futurelap051@gmail.com

영업은 내게 충격이었다.

이유가 그렇게 크지도 대단하지도 않다. 하는 만큼 돈을 벌고 싶었다.

나의 첫 영업은 군 입대 전 시작했던 휴대폰 대리점에서 일하면서부터 시작됐다. 이과 출신 공대생이던 나는, 군입대전 무조건 돈을 많이 버는 일을 하고 싶었고 한 인터넷사이트에서 휴대폰 판매 구직 광고를 보고 대리점에서 판매 아르바이트를 하게 되었다. 그곳은 점포 내에서 판매하는 게 아니라 은행, 마트 등에 부스를 두고 판매를 하는 곳이었는데 거기서 벌어지는 일들은 정말 충격이었다.

전혀 모르는 사람들에게 먼저 다가가 말을 걸고 자신만의 영업 흐름으로 당기는 모습이 인상 깊었고, 무엇보다도 그들은 시급 알바가 아닌, 판매 건당 가져가는 수수료를 받고 일을 하는 사람들이었다. 그 사람들의 수입은, 당시 겨우 2000원대 정도의 시급으로 알바를 하던 나로서는 상상도 할 수 없는 금액이었다. 그리고 그때의 경험이 나를 영업에 발 들이게 했고, 소심하고 남들에게 말도 잘 못 걸던 나를 전혀 다른 사람으로 만들어 주었다. 그렇게 두 달간 처음으로 영업에 대한 맛을 본 나는 전역하고 다시 양산판매, 휴대폰대리점으로, 대학을 졸업하고 제약회사에서 7년, 그리고 보험회사 2년을 거쳐 현재 경영 컨설팅을 하며 계속 지금까지도 영업을 하고 있다.

내가 영업을 선택한 3가지 이유.

내가 영업을 선택한 이유는 크게 세 가지가 있다.

가장 큰 이유를 꼽자면 그것은 당연히 일한 만큼 돈을 벌 수 있다는 것이다. 영업은 내가 딱 한만큼의 대가만 온다. 영업을 하는 모든 사람들은 공감할 것이다. "내가 돈을 벌지 못한다는 것은 내가 일을 안한 것이다." 라는 걸 말이다. 만약 미친 듯 일했는데 결과가 좋지 않다고 하더라도 그 노력을 지속한다면 언젠가는 반드시 결실을 맺을 수 있다. 그게 바로 영업이다.

두 번째 이유는 내 마음대로, 내가 원하는 대로 일할 수 있다는 것이다.

출·퇴근시간 쉬는 시간, 가족·연인과의 시간, 그리고 훌쩍 떠나는 휴가, 뭐든지 내가 원하는 대로 조절할 수 있다. 특히 나같이 시키는 대로만 해야 하는 것에 대한 불편함과 새로운 무언가를 제안했을 때, 받아들여지지 않는 틀 안에서 답답함을 느끼는 사람이라면 이점은 정말 매력적으로 느껴질 수밖에 없을 것이다.

남들은 다 책상위에 혹은 현장에서 혹은 어딘가에서 일을 하고 있을 때 혼자 훌쩍 떠나서 일주일, 보름 아니 한달 정도 휴양지에서 보내는 모습을 그려본 적이 있는가? 이게 가능한 게 적어도 나에게는 영업이었다. 이런 좋은 일이 어디 있는가, 물론 그에 대한 책임은 전부 다 내가 져야한다.

그리고 마지막인 **세 번째 이유는 사람이 달라진다는 것이다.** 영업을 하면 사람이 커진다. 그 사람의 꿈이 커지고 실현 불가능해 보였던 일들이 가능해지기 시작한다. 예전에 나는 제약회사에 입사해 직장인으로서의 영업을 하던 때에 월급 500정도를 받으며

'와 그래도 나는 내 또래보단 많이 벌어! 재무상담 받아보니 내가 나이대비 연봉 상위 10%래! 난 정말 대단한 사람이야! 그러니 이

대로 쭉 오래오래 다니면서 살자!' 라고 생각하며 살았다. 하지만 지금 내 꿈은 영업을 사업화시켜 매년 순수익 10억 만들기와 호텔을 짓고 노후를 즐기는 것이다. 물론 아직은 꿈이긴 하다. 하지만 이런 꿈을 꿈으로만 끝내지 않고, 목표로 설정한 뒤 그것에 대한 계획을 하나씩 잡아나가는 현재 나의 모습을 보며 내 꿈이 결코 불가능하지 않다는 확신이 든다. 결국, 정말 평범했던 인생을 바꿀 수 있던 계기는 내가 영업을 시작했기 때문이다.

왜 사람들은 도전하지 못하는 걸까.

지인들과 얘기를 나누다보면 항상 누군가 큰돈을 벌었다는 얘기가 빠지지 않는다.

'내가 아는 누구는 보험영업으로 월에 몇 천은 벌었다던데... 내가 아는 다른 누구는 부동산영업으로… 또 다른 누구는 자동차영업으로…'

듣다 보면 참 이상하다. 왜 자기가 하는 영업은 그게 안 된다고 생각하는지 아니면 그게 돈이 그렇게 잘 되는 일이면 그 일하지 왜 이걸 하고 있는지.

그래서 나는 물어봤다. "그럼 그걸 하지 왜 이러고 있냐?"

그럼 또 이런 말을 한다.

"에이, 그 사람은 특별하겠지. 나는 하던 거 해야지. 난 못해… 난 안 돼… 난 지금이 좋아.."

과연 그럴까? 지금까지 나는 영업을 잘하는 사람들을 정말 많이 만나봤다. 그 사람들은 당신과 결코 다르지 않은, 정말 평범한 사람들이었다. 이 글을 적고 있는 나조차 정말 말을 잘 하지 못한다. 사람들 앞에서면 부들부들 떨리고 말도 정말 느리고 조리 있게 말하지도 못한다.

심지어 나와 30년 지기 친구들 사이에 내 별명은 바보다. 내 친구들은 내가 그렇게 어리버리 하다고 한다. 그런 내가 영업으로 높은 수입을 벌고 있다. 그래서 친구들한테 내가 잘 알려줄 테니 같이 해보자고 얘기하면 너는 영업을 10년을 했으니 그렇다고 한다. 좀 전까지 바보라고 놀려대놓고서 말이다. 이처럼 실패하는 사람들은 계속 안할 이유를 찾고 변명을 한다. 될 거라는 확신을 가지고 그 방향을 위해 달려가야만 할 사람들이

'안 될 거야, 난 이래서 안 돼 저래서 안 돼.' 핑계 거리만 무한정으로 만들어 내면서 성공한 사람들이 말하는 자기계발서는 헛소리라 여기고 그들은 특별하거나 사기꾼이라고 단정 짓고 정신승리한다.

평범한 사람이 특별한 사람으로 변하는 과정.

하지만 결코 그렇지 않다. 전부 평범한 똑같은 사람들이다. 단지 그 사람들은 책을 보고, 습관을 바꿨으며, 그 이전에 성공한 사람들에게 배우며 스위치를 켜고 실행했고, 우직하게 한 단계씩 진행해나갔을 뿐이다. 그들은 그 과정에서의 많은 우여곡절을 겪으며 하나씩 배워갔고, 도전하고 또 도전한 끝에 현재의 위치까지 올라간 것이다.

내가 보험사에 있을 때 3W(주 3건의 계약)를 몇 십 년 동안 하신

분이 계셨다. 모두가 그분이 어떻게 일하는지 궁금해했고, 그 분이 어떻게 영업을 하는지 들었다. 그리고 난 후에 모든 사람들의 반응은 이랬다.

"와~ 난 저렇게는 못살겠다."

"저게 사람 사는 게 맞는 거야?"

그 분은 정말 미친 듯이 고객에게 전화하고, 숨 쉴 틈도 없이 고객을 만나러 다녔다. 영업하는 사람들은 시간이 자유롭다. 그래서 모두가 그렇진 않지만 실제로 하루 일하는 시간보다 딴 짓을 하는 경우가 많다. 하루 종일 휴대폰을 보거나 자기 개인 업무를 보고 남들 출근시간에 출근하고 남들 퇴근시간에 퇴근한 뒤, 저녁에는 술자리를 가진다. 그러곤 다음날 힘드니까 조금 쉬다 하자는 마음으로 하루를 시작한다.

과연 정말 열심히 일한 것일까? 그렇게 해서 내가 원하던 바를 이룰 수 있을 것인가?

절대로 아니다. 영업은 직장생활과 완전히 다르다. 그런 식으로 살아가면 결국 빈털터리가 되고 길바닥에 나앉게 된다. 그러곤 나중에 또 이렇게 얘기할 것이다.

'난 열심히 했는데 안 되더라. 정말 안 되는 일인가 봐, 다른 아이템을 찾아야겠어. 역시 월급 따박따박 받는 게 최고야.' 영업은 절대 마라톤이 아니다. 길게 보고 페이스 조절하며 하면 안 된다. 차라리 할 땐 미친 듯이 토 나오게 하고 쉴 때는 푹 쉬는 것이 낫다. 그렇게 쉬다보면 미친 듯이 할 때 느꼈던 성취감을 다시 느끼고 싶어진다. 그럼 그때 푹 쉰 나에 대한 죄책감과 압박감을 빌미로 다시 앞으

장종오

로 미친 듯 나아가면 되는 것이다. 매일 매일 최선을 다하고 미친 듯 달려, 최고의 성취감을 만끽하자. 그게 영업의 묘미다.

목표와 계획의 법칙.

누구나 목표가 있을 것이다. 나의 최종적인 목표는 내 이름으로 된 호텔을 설립하고 전문경영인에게 맡긴 뒤 은퇴하는 것이다. 이 책을 읽는 분들의 목표는 무엇인가?

　장기적으로 은퇴를 위한 목표가 있을 것이고 ,1년 혹은 단기 적으로 연봉 1억 만들기, 혹은 연봉 10억 만들기 외제차 구매, 집사기 등등 가까운 시기에 이룰 수 있는 목표를 세웠을 수도 있다.

　그럼 또 이렇게 묻고 싶다.

　"그 목표를 달성하기 위한 계획을 세웠나?"

　"어떻게 그 목표를 이룰 것인가?"

　"지금 그 목표를 향해 잘 달리고 있는가?"

　나도 구체적인 목표에 대한 계획을 세우지 못하던 시절 '세바시'라는 TV 프로그램을 보고 배운 내용들이다. 목표를 위한 계획을 세운다는 것은 너무나도 당연하지만, 많은 사람들이 간과하고 있다.

　만약에 오늘 저녁에 중요한 거래처 사람들과 근사한 연말파티를 계획하고 있다면,

　'파티를 성공적으로 잘 마치자.'라는 것은 목표일까 계획일까? 당연히 목표이다. 그 목표만 가지고 시작을 한다면 계속 미루다 정신없이 허둥지둥 댈 수밖에 없다. 하지만 조금 계획을 가지고 진행

한다면 이렇게 바뀐다.

'오늘 오후 5시까지 파티 준비를 끝마치자.' 라고 구체적인 목표를 정하는 순간 종이 한 장을 꺼내 그것을 하기 위해 내가 해야 되는 일들을 잘게 쪼개서 하나하나 적기 시작해본다. 생각하는 것보다 훨씬 잘게 쪼개면 할 게 많을 것이다. 그렇게 하나하나 쪼개다보면 그것이 그룹화가 되어 분류가 될 것이고 순서가 정해진다. 이게 바로 계획이다. 그런 계획이 있으면 당연히 내가 목표로 가는 과정에 해야 하는 진도가 생길 것이고, '시간은 절반이나 지났는데 내 계획은 30% 밖에 안 되었네, 좀 더 서둘러야겠다.' 라고 생각하거나, '절반이나 남았는데 계획이 70%나 진행이 됐네. 조금 여유를 가져도 되겠구나.'와 같은 것이 가능해지게 된다.

목표를 세분화하라.

목표가 만들어지면 습관적으로 메모지를 꺼내 최소한 10등분을 해야 한다. 그러면 내 눈앞에 바로 10개의 단계가 생길 것이고, 그 단계가 바로 내 목표를 이루기 위한 계단이 된다.

너무 적은 수의 단계는, 있으나 마나 한 것이 되어 불안정할 것이고, 너무 많은 수의 단계를 정하게 된다면 오히려 눈앞이 캄캄해져 아예 도전, 시작조차 하지 않고 포기하게 되는 상황이 생길 수 있으니 딱 10단계로 시작하면 좋다. 그렇게 단계를 나누다보면 또 다른 하위 목표와 계획이 생긴다.

나의 경우로 예를 들어보겠다. 내 1년 목표는 연봉 10억이다.

장종오

이것을 이루기 위한 계획을 만들기 위해 이러한 것들을 고민했다. '연봉 10억을 만들려면 월에 1억 정도는 벌어야 한다. 그럼 나는 월에 몇 명의 고객과 계약을 해야 하는 거지? 그 고객들과 최소한의 어떠한 컨설팅을 진행해야 할 것인가? 그 정도의 계약을 하려면 월 몇 명의 고객을 만나야하는가? 그 고객을 만나기 위해선 월 몇 건의 고객DB 즉 문의 건수를 만들어야 하는가? 그 고객DB를 얻기 위해선 난 무엇을 해야 하는가?'

이렇게 생각하면서부터 나의 계획은 시작된다. 이렇게 계속 목표와 계획을 세우기 위해서는 생각의 확장을 해야 한다. 이 생각의 확장을 통해 나는 현재 고객DB를 확보하기 위해 카페, 블로그, 페이스북, DM, 소개, 현수막, 방송 출연 등을 진행하고 있다.

여기서 더 확보하기 위한 새로운 방법을 찾는 것이 10억 목표를 향한 나의 첫 번째 계획이다. 그리고 나에게 문의를 해야 하는 이유를 만들기가 두 번째 계획, 첫 번째 문의에서 실제로 상담으로 이어지는 스크립트를 계속 수정하여 타율을 올리는 것이 세 번째 계획, 상담에서 계약률을 올리는 것이 네 번째 계획, 좀 더 거래처에 도움을 줄 수 있는 방법을 알아내는 것이 내 수입과 직결되기 때문에 그것에 대한 연구가 다섯 번째 계획이다. 이 이상으로 또 직원관리에 대한 계획 등이 있고 그 하위 계획들이 있다.

결국 이 목표와 계획들은 내 인생의 최종목표로 가기위한 하위 계획들에 불과하다. 이런 식 으로 목표를 잡고 그냥 열심히만 하는 것이 아닌, 그 목표를 달성하기 위한 한 단계 한 단계의 계획을 만들어나가길 바란다.

브랜딩이 잘 되어 있다면 주변에서 나를 바라보는 시각을 조금 더 포장하고, 멋있어 보이는 이미지로 만들 수 있다. 그렇게 된다면 우리가 영업을 할 때, 내가 보이길 원하는 모습으로 고객에게 다가갈 수 있다. 그러니 브랜딩이 확실히 돼있으면 우리가 원하는 목표를 더 빨리 이뤄낼 수 있다는 것이다.

한 가지 예를 들어보겠다. 우리가 헬스장에서 운동을 하고 있는데 어떤 할아버지가 다가와, 이건 그렇게 운동하는 것이 아니라 자세는 이렇게 해야 한다면서 계속 참견을 한다고 상상해보자. 그럼 어떤 느낌이 들겠는가? '이 사람 뭐지? 이상한 사람인가? 알아서 잘 하고 있는데 왜 참견하지?' 라고 생각할 것이다. 그런데 만약 그 사람이 세계 보디빌딩대회 1위를 차지한사람이라는 명패를 가슴에 딱 달고 나한테 똑같은 얘기를 해준다면? 그럼 당연히 이 사람의 말은 신뢰가 가고

'이 사람이 나에게 무언가를 알려주려고 하는구나.'

'나를 도와주려는 거구나, 감사하다.' 라고 생각하게 될 것이다. 그러니 우리가 원하는 결과를 내기 위해서는 반드시 브랜딩이 필요하다.

브랜딩의 놀라운 효과.

내가 보험영업을 할 때 찾아간 고객 중에 한명의 이야기이다. 내가

일을 시작한지 얼마 되지 않아 정말 오래된 분들에게 많은 조언을 받아가며 그 고객의 보험을 분석하고 체계적으로 보험을 설계하여 고객에게 방문하였다. 분위기는 좋았다, 그 분은 종신보험을 저축으로 알고 가입을 하였고, 갱신형의 의미에 대해서도 단 하나도 설명 듣지 않고 가입을 한 상황이었다. 내가 이 보험에 대해 잘 설명하면 기존 계약을 철회하고, 나에게 가입할거라 확신했다.

하지만 돌아오는 대답은 예상과 달랐다.

"TV에 출연하신 분에게 가입한 거라서 이쪽이 더 신뢰가 가네요, 참고는 할게요."

이게 바로 브랜딩의 효과이다. 아무리 좋은 정보를 주고 고객을 위한다고 해도 브랜딩이 잘 된 영업인을 뛰어넘지는 못한다. 그러니 하루 빨리 우리에 대한 브랜딩을 하는 것이 다른 무언가를 준비하는 것보다 훨씬 더 효과적이고 확실하게 영업을 잘 할 수 있는 방법이다.

브랜딩을 하기 위해서는 아래와 같은 질문을 스스로에게 끊임없이 해야 한다. **당신은 어떤 가치를 원하는가? 무엇을 위해 내가 브랜딩을 하려고 하는가?** 이것을 항상 염두에 둬야하고 내가 어떤 위치에서 어떤 모습으로 보이고 싶은지를 상상해야 한다. 그런 모습을 위해 목표를 세우고 성취해나가는 과정을 겪다보면 자연스레 본인의 가치도 올라갈 수밖에 없다.

나의 경우에는 제일 첫 번째로 한 것은 네이버, 다음 인물검색에 등재되게 하는 것이었다. 생각보다 별 탈 없이 그냥 등재되었고 그때부터 하나씩 이력을 늘려 나가기 시작했다. 만약 당신이 2명의 영업사원을 만났다고 했을 때, 둘 다 똑같은 얘기를 하고 똑같은 가격을 제시한다고 생각해보자. 그런데 그중 한명은 인터넷에 검색하면 나오는 사람이다. 둘 중에 누굴 택하겠는가? 당연히 검색하면 나오는 사람을 택하게 될 것이다.

그 후로는 천천히 목표를 가지고 이력을 늘려 나가면 된다. 나는 현재도 TV, 유튜브, 잡지 인터뷰와 인터넷 기사 송출을 하고 있으며 지금은 책을 쓰고 있다. 이런 과정들이 쌓이고 쌓이면 나만의 강력한 브랜드가 된다. 그 다음으로는 네이밍을 하고 호칭을 붙이면 된다.

〈안대장〉〈부자언니〉등 나를 포장해서 한 번에 이해시킬 수 있는 과정을 만들어 나가야 한다. 그리고 이 네이밍으로 로고를 만들고, 여러 가지를 전달할 수 있는 메시지를 만들어 나갈 필요가 있다. 결국 우리만의 장점을 하나하나 조각해서 조금 더 도드라지게 만드는 것이 브랜딩이다. 그 장점을 부각시키고 입체화시키는 과정을 거치다보면 결국 우리의 단점은 옅어지고 장점만 부각된 브랜드가 되어있을 것이다.

영업은 100% 시스템이다.

영업이 우연, 요행이 아니라 사업이 되려면 매출이 일정해야 하며, 최소한의 안전마진이 있어야 한다. 그래야 미래계획을 세울 수 있다. 영업의 기복이 심하다는 건 시스템이 없다는 것이다.

내가 휴대폰판매를 할 때는 어느 정도의 시스템이 구축되어 있었다. 상담을 위해서 고객이 먼저 오게 만드는데 휴대폰 세균 박멸을 위한 세척, 공짜 폰, 추첨 행사, 등을 통하여 고객을 유인하고, 자연스럽게 고객의 정보를 받아내어 고객에게 맞는 휴대폰과 요금제를 제시한 뒤 클로징까지 했다.

하지만 제약회사를 가면서 이런 걸 잊게 되었다. 제약회사의 가장 큰 부분은 영업조직이 차지한다. 그런데 그런 영업조직에서조차 세일즈스킬을 알려주지 않는다. 상품의 정당성에 대해 세뇌하고 상품교육을 시키고 필드로 내보낸다. 이것이 직장인으로서의 영업인의 한계였다. 그리고 그다음 나는 보험 영업을 시작했다. 처음부터 한 달이나 교육을 한다고 했을 때

"뭐 또 상품교육이나 시키겠지, 무슨 교육을 한 달 동안이나 해? 영업 교육? 내가 영업을 몇 년을 했는데?"라고 생각했다. 하지만 보험회사는 정말 체계적인 영업을 알려줬고, 여기서 영업에 대한 시스템을 처음으로 제대로 교육받았다.

이 보험사에서는 영업을 7단계로 나눴는데 가망고객 발굴, 전화, 1차 미팅, 고객정보수집, 2차 미팅(프레젠테이션), 클로징, 계약이 7단계로서 영업이 완성되는 것이었다.

1단계는 2단계로 가기 위한 것이고 2단계는 3단계, 3단계는 4단계로 가기 위한 것에 불과했고 저 단계를 밟아 가다 보면 반드시 계약을 한다는 것이었다. 그리고 그 과정에 각각의 스크립트가 존재했다. 그때, '와 진짜 이게 영업이구나.'하는 생각이 들었다. 그 당시 지점장이 하던 말이 생각난다.

"이걸 끝까지 지키는 사람은 오래 갈 것이고 지키지 않는 사람

은 도태되고 포기하게 될 것이다" 그리고 그 후, 그 영업 시스템을 안 지킨 사람들은 전부 힘들다며 다른 곳을 찾아 떠났다. 이 때의 경험은 지금 나의 시스템을 만드는데도 큰 도움이 되었다.

시스템을 만들 때 가장 중요한 포인트.

영업에 대한 시스템을 만드는 것은 하루 이틀로 되지 않는다. 처음부터 내가 새롭게 만들기는 힘들다. 그래서 처음에는 다른 사람과 다른 회사의 시스템을 어느 정도 비슷하게 쓰면 좋다. 이때 가장 중요한 포인트는 **정해진 루틴으로 똑같이 말하고 행동하여, 1~2번 반복이 아닌 최소 한 달 동안의 반복을 해야 한다**라는 것이다.

이것을 꼭 지켜내야 올바른 자신만의 스크립트, 자신만의 루틴을 만들어 더 나은 방향으로 계속해서 수정해 나갈 수 있다. 지금은 비록 자신만의 시스템이 없다고 하더라도, 자신을 믿고 가다보면 **빠른 시일 내에 자신만의 시스템이 생겨, 매출의 안정화와 영업의 성장을 이룰 수 있을 것이라고 확신한다.

전문가의 자세로 임하라.

나는 미팅을 할 때 반드시 전문가의 자세로 임한다. 나는 진단을 내리러 온 사람이지 여기저기 재 볼 수 있는 견적을 비교하는 사람이 아니란 걸 고객에게 각인시키기 위해 노력한다.

문의 전화를 받을 때는 고객이 SNS나 인터넷을 보고 전화가 왔

장종오

다는 걸 뻔히 알고 있으면서도 '어느 분 소개로 찾아보시게 되었나요? 혹은 어느 분 소개로 메세지를 받게 되었나요? 우리는 기존 고객들이 만족하고 주위 분들에게 알려, 소개로 알게 되어 문의가 들어오는 사람이 90% 이상입니다'라고 얘기한다, 내가 언론에 나가고 우리가 컨설팅을 얼마나 잘하는지 구구절절 설명하는 것 보다, 이 한마디가 훨씬 더 효과적이었다.

미팅 자리에 나가게 될 때부터는 항상 내가 하고 있는 루틴이 있다. 고객과의 첫 만남에서 항상 먼저 악수를 청한다. 악수에 힘을 전달하고, 내가 고객이 있는 곳, 거래처로 가게 되더라도 자리를 살피고 먼저 앉는다. 앉고 나서는 항상 '물 좀 주시겠어요?'라고 내가 종업원에게 먼저 요청을 한다. 이런 사소한 지시들이 오히려 나에 대한 위치를 바꿔주는 신뢰를 가지게 만드는 데 더욱 효과적이었다. 기선제압을 하라는 것이 아니라, 나의 여유를 보여주는 것이다. 이런 과정들이 지나가다보면 고객은 나의 흐름으로 넘어 오게 되고, 쓸데없는 대화가 아닌 정말 상담에 필요한 대화들이 진행된다. 그리고 상담은 내가 질문하고 그 질문에 고객이 대답하는 질의 응답형식으로 진행되고, 마지막에는 다시 한 번 내가 전문가로서 진단을 내리러 왔다는 것을 강조한다.

이렇게 상담을 하면 항상 상담이 끝난 후엔 고객이 먼저 이런 말을 꺼낸다.

"다른 상담원들이랑은 느낌이 다른 것 같아요. 정말 전문적으로 느껴지고 신뢰가 가네요."

스크립트를 꼭 만들어서 적용해보고, 여러 고객의 피드백을 들고 다시 수정하는 과정을 반복해야 나에게 맞는 멘트를 만들 수 있다. 여러 명의 멘트 고수들의 강의를 꼭 듣고 거기서 나에게 맞는 보석을 발견하고 계속 해보고 수정해 나가자.

나비효과, 작은 습관의 놀라운 힘.

나비효과는 작은 나비의 날갯짓이 지구 반대편에서는 해일을 만들어낸다는 이론이다. 아주 작은 사건이 추후 예상하지 못한 엄청난 결과로 이어진다는 말이다.

결국, 이를 우리의 인생에 적용하면 아주 작은 습관들을 바꾸면, 우리 삶 자체를 바꿀 수 있다는 것을 의미한다. 예전에 나도 자기계발서를 읽고

"이건 뭔 헛소리야, 이렇게만 하면 된다고? 이미 성공했으니까 이런 말을 할 수 있지, 절대 안 돼!"

라는 말을 되풀이 해온 사람이다.

그런데 진짜 작은 것부터 시작하니 많은 것들이 이루어졌다. 내 작은 습관은 **아침에 일어나면 이불개기, 물 한잔 마시기, 창문 열어 환기시키기**다. 지금은 눈뜨면 당연하다는 듯이 하는 행동들이 되었다. 이 습관들을 통해, 현재 만들어진 다른 습관들은 아래와 같다.

바로 실행하기, 안할 이유가 아닌 해야 하는 이유를 찾기, 체계적으로 일하기 매일 일지 작성하기, 매일 올해의 10가지 목표를 적고 그 목표 중 한 가지를 이루기 위한 계획 작성하기, DB확인하

장종오

기, 연락하기, 카페 칼럼쓰기, 비즈인포 확인하기, 하루 30분 공부하기, 30분 이상 운동하기, 휴대폰 붙잡고 있지 않기, 낭비하지 않기, 하루에 책 1장이라도 읽기, 좋은 강의 다니기, 미라클 모닝하기.

이중에 '와, 난 못해. 불가능 해'라고 생각 되는 것이 있는가? 이것들은 모두가 할 수 있는 작은 것들이다. 앞서 말했지만 나는 정말 평범하다. 나도 이 작은 일들을 못하는 날도 많고, 미라클 모닝을 도전하고 있지만 종종 실패하기도 한다. 영업에는 술이 좋지 않다라는 걸 잘 알면서도 마시고, 쉬고 싶은 날엔 아무 일도 없이 아예 쉬어버리는 날도 있다.

하지만 그런 날을 보내면, 다음 날은 반성하고 2배로 열심히 하려 노력하고 2배로 열심히 뛴다. 그런 하루하루가 쌓여 현재의 내 모습을 만들지 않았나 싶다. 이 책을 읽는 모든 분들이 최선을 다해 하루를 살아갔으면 좋겠다. 그리고 장담컨대, 그 하루하루가 모여 여러분들의 찬란한 미래를 만들어줄 것이다.

순경이야기

보험 업계 0.1%인 연봉 3억의
'COT(Court of the table)'

'성'우선 결심하고, 미친 듯 실천하며
그것을 계속해서 지속해라.
그럼 반드시 성공할 수밖에 없다.'

'영업의 정석' 보험 업계 0.1% 연봉 3억 'COT' 3W 140주, 월 100건의 계약 등 대형 GA에서 지점장(29세), 사업단장(30세), 마케팅 이사(31세), 마케팅 상무(33세)로 근무하였다.
현재 국내 NO.1 디지털 GA 하나금융파인드에서 고객성장 총괄을 맡아 현장을 리드하고 고객 관련 이슈들을 전담하고 책임지고 있다.

E-MAIL : song7016@naver.com

1년을 열심히 저축해도 달라지는 건 없었다.

2012년 3월, 나는 아직도 그날이 생생하다. LG전자 서비스센터 휴대폰 엔지니어였던 시절 설레는 마음으로 1년 만기 적금을 타러 회사 1층에 위치한 K은행을 방문 하였다.

"송경훈 고객님 원금 1,800만원에 이자소득세 제외 이자 247,455원 총 18,247,455원입니다"

'우와 24만 7000원이 공짜로 생겼다. 1,800만원은 다시 예금으로 묶어두고 이자로는 저녁에 술 마셔야지'

외향적인 성격을 가진 난 굳이 안 해도 될 진심 담긴 너스레를 부리고 말았다.

"저 1,800만원은 예금으로 묶어주시고 이자는 현금으로 주세요! 그런데 지금 제 나이에 이정도면 괜찮은 자산 아닌가요? 하하하 저 내년에 결혼 합니다. 이정도면 뭐 서울에 집하나 구하는 거 어렵지 않겠죠?"

그 당시 내 나이 25살, 예금은 다 합쳐서 3,600만원이 전부였다. 이 글을 쓰면서도 그 당시만 생각하면 창피해서 숨고 싶다. '진심'이였기 때문이다. 유쾌한 공기는 잠시였을 뿐 바로 행원의 비수가 날아와 가슴에 꽂혔다.

"어유, 대단 하시죠 고객님. 1년에 1,800만원씩 10년이면 1억 8,000만원이에요. 그런데 이렇게 모으셔서 내년에 5,000만원을 모으신다고 해도 서울에 집을 사시긴 많이 힘들지 않을까요? 저희 집은 H아파트인데 화장실만 저희 집이고 나머지는 은행 거예요."

송경훈

그렇다. 체육 전공이었던 나는 20살까지 체육만 하고 군대 제대 후 취업한지 2년밖에 안 된, 세상 물정 모르는 마냥 밝은 신입사원이었다.

소득을 늘리고 지출을 줄이기로 결심하다.

점심시간이 끝난 후 일이 손에 잡히지 않았고, 그때 나는 그런 생각이 들었다.

'여기는 연봉제가 아니라 휴대폰 1건을 고칠 때마다 수당을 받는 능력제인데, 내가 10년 뒤면 저 선배님 나이고 20년 뒤면 저 선배님 나이가 될 텐데… 나는 그 나이에 과연 만족하는 삶을 살고 있을까?'라는 생각에 오후 일을 아무것도 못 하고 퇴근을 하였다. 집에 와서 진지하게 앞으로 살아갈 내 삶에 대해 생각을 해 보며 그림을 그려 보았다. 그런데 아무리 그려 보아도 꼬리에 꼬리를 물어봐도 답이 쉽게 나오지 않았다. 그때 난 막연하게 잘 살고 싶다는 생각만 했지 부에 대한 개념 자체가 없었다.

결국 내가 내린 잠정적 결론은 '어차피 내가 해왔던 일을 그만둘 수는 없으니 소득을 늘리고 지출을 줄이자' 였다. 그날 이후 다른 엔지니어들의 1.5배에 달하는 건수를 처리하였고 지출은 최소한으로 줄였다. 300만 원 대의 월급은 450만원까지 올라갔고 지출을 줄이니 원래 하던 월 150만원의 적금에 추가로 100만 원 정도의 금액을 더 저축 할 수 있었다.

그렇게 1년이 지난 후 26살, 2013년 4월 28일 6,500만원에 맞는 전세를 얻어 결혼에 '골인' 하였고 유동 가능한 자산은 다시 '0' 되었다. 그렇게 9개월이라는 짧은 신혼생활 후 사랑하는 우리 딸 태명 '햇님이'가 생겼다. 그 때 순간적으로 2가지 생각과 감정이 교차하였다. 당연히 첫 번째는 벅차올라 터져버릴 만큼의 기쁨과 행복이었다. 그리고 두 번째는 가족을, 이 냉정한 자본주의 사회에서 적어도 경제적으로는 힘들게 하지 않겠다, 그리고 거기에 더 나아가 원하는 것은 다 할 수 있는 경제력을 갖겠다는 생각이었다. 산부인과에서 돌아온 주말 낮, 인생을 바꿔야하는 고민이 시작되었다. 그 때 나만의 기준을 정했다. '얼마의 소득이 많이 버는 것일까? 그 소득을 벌기 위해서는 어떤 일을 해야 달성 할 수 있을까? 어떤 시스템을 가지고 해야 할 것인가?'

내가 당장 할 수 있는 건 영업밖에 없었다.

우선 원하는 소득을 먼저 정해야 했다. 내가 정한 첫 번째 소득 목표는 연 2억이었다. 소득 목표를 정하고 난 후 역산하여 상세 내용들을 정리해 나갔다. 바로 다음 질문은 어떤 일을 하여야 연 2억을 벌 수 있을까?였다. 나를 냉정하게 평가하며 2억 이상의 소득을 올릴 수 있는 직업들을 정리해 나가기 시작하였다. 명확해 질 때까지 생각해 낸 결론은 내가 당장 할 수 있고 자신 있는 건 '영업' 단 한가지 밖에 없었다. 목표가 정해진 후 시간이 허락하는 범위에서 영업직에 있는 사람들을 찾아다니며 만났다. 그러던 어느 날 서비스센터 선배였던 분이 보험회사에 다니는 것을 알게 되었고 해당 지점장을 만나게 되

송경훈

었다. 지금 생각해본다면 참 예의가 없었지만 생존을 위한 내 첫 질문은 이거였다.

"지점장님은 한 달에 얼마를 버십니까?"

"2000만 원 정도를 벌고 있습니다."

"최근 2년 치 급여 명세서를 보여주실 수 있나요?"

최근 2년 급여명세서를 보니 평균 1000만 원~2000만 원의 금액이 찍혀 있었다.

"현재 하고 있는 일은 불법이신가요?"

나는 보험업을 시작하기 전까지 영업에 대한 인식이 좋지 않았기에, 색안경을 끼고 무례한 질문을 했다.

"보험업을 불법이냐고 물어보시는 분은 처음이시긴 한데 제도권 안에 있는 합법적인 훌륭한 업입니다"

"제가 하기 나름이겠지만 여기서 연봉 2억 가능한가요?"

"가능합니다."

"그럼, 저도 영업하겠습니다."

이렇게 나의 인생을 바꿔준 '영업'이 시작되었다. 그리고 나는 보험영업 첫 달 72건의 계약을 시작으로 1주일에 3건의 계약을 끊이지 않고 해야 하는 3W 140주(3년)를 달성 하였고, 목표로 잡았던 연봉 2억을 훌쩍 넘어선 보험업계 0.1% 연봉 3억 'COT'를 달성 하였다. 29살 지점장, 30살 사업단장, 32세 마케팅이사 34세 마케팅상무로 승진하며 35살 하나금융그룹 내 〈하나금융 파인드〉 고객성장 부문 총괄을 맡아 GA 3.0 시대를 이끌어 가고 있다.

지금부터 나의 발자국이 누군가의 이정표가 된다는 생각으로 내가 걸어온 sales step을 밝혀보겠다. 물론 나의 이야기가 정답이 아니라는 것을 잘 알고 있다. 삶의 가치관과 목표에 따라 각자의 삶을 살아가는 것이니까. 하지만 영업직을 하며 자신의 삶을 변화시키고, 경제적 자유를 얻고 싶은 사람들은 지금부터의 내 이야기에 집중해주길 바란다.

현실 가능한 영업 전략 5가지.

보험회사 입사를 결정짓고 면접을 진행했던 지점장님을 찾아갔다.

"입사까지 저에게 2달의 시간을 주십시오. 저만의 시스템을 완벽히 만든 후 정확히 7월 1일 화요일 미친 상태로 입사하겠습니다."

나에겐 시간이 필요했다. 단순히 돈을 많이 벌 수 있는 직업을 찾다가 선택한 보험업이지만 평범하게 하고 싶지 않았다. 같은 업계 사람들이 봤을 때 '저 사람 잘하네.'가 아닌 '저 미친놈은 못 따라가겠다.' 라는 기록들을 세우고 인정받고 싶었다. 그러기 위해선 성장하기 위한 나만의 전략 수립 기간이 반드시 필요했다.

내가 결심+실천+지속=성공의 공식을 이루기 위해 세운, 성공을 위한 현실 가능한 영업 전략 5가지를 이야기해보겠다.

첫 번째는 Simple이다.

단순해야 한다. 2달의 전략 수립 기간 중 일주일 정도 지점에 가서 선배들을 관찰 하고 있었는데 어떤 선배가 팀장과 이런 대화를 하고 있었다.

"팀장님 소개받은 고객이 있는데 1만 원 짜리 운전자 보험 1건 정도 나올 것 같은데 지역이 대전이에요. 기름 값도 안 나올 것 같은데 그냥 가지 말까요?"

지금처럼 모바일 청약 시스템이 없어서 청약서에 직접 자필 서명을 받기 위해서는 만나러 가야했던 시절이었지만 이런 생각이 들었다. '아니 돈을 벌겠다는 거야? 말겠다는 거야?'

건방져 보였겠지만 선배에게 질문을 했다.

"선배님 대전이면 왕복 4시간이면 되는데 가서 상담 잘해 드리고 소개받아서 추가 청약도 하고 대전에 계신 다른 고객님들 인사 한번 드리고 오면 더 좋지 않나요?"

돌아온 선배의 답변은 아래와 같았다.

"경훈씨가 아직 보험 영업 안 해 봐서 잘 모르는구나. 그렇게 쉬운 거였으면 다들 억대연봉 하죠. 계약이 나올지 안 나올지도 모르는데 괜히 시간 날리고 돈 날리고 몇 번 해봐요. 그런 생각이 드나."

나는 그 이야기를 듣고 '그렇다고 지점에서 저렇게 앉아 있으면 뭐가 나오나? 저 선배는 몇 개월 뒤면 짐을 싸서 떠나겠구나.' 싶었다. 그 예상은 정확했고, 지금까지의 경험상으로 '지역이 멀어서 경비가 고민됩니다, 가봤자 얼마밖에 안 나와요' 하는 사람 치고 일 잘하는 사람 못 봤고 오래 일하는 사람을 본 적이 없다. 명심해라. 영업은 단순해야 한다.

고객의 계약 사이즈, 지역 상관없이 우리는 그냥 가는 것이다.

절대 '을'이 되라는 것이 아니다. 복잡하게 생각하지 않고 그 만남을 통해 뻗어 나갈 것을 기대하며 움직이면 되는 것이다.

"한 사람에게 신뢰를 잃으면 그것은 곧 250명의 고객을 잃는 것과 마찬가지다."

영업인들이 존경하는 인물 중 한명인 조 지라드의 명언이다. 저 말은 곧 한명의 고객 뒤엔 250명의 고객이 있다는 것이다.

세심한 정성이 엄청난 결과를 선물해준다.

직접 겪은 사례 중 한 가지를 얘기 해 보겠다. 2019년 6월 중순, 모르는 번호로 전화가 왔다.

"안녕하세요, 송경훈 상무님 되시나요? 수원에 있는 친구한테 소개 받아서 전화드렸는데요. 저희 딸이 상해 실손 의료비만 없어서 요. 여기가 제주도라서 오시긴 힘드시니까 모바일청약으로 상해 실손 의료비만 가입할 수 있을까요?"

"연락 주셔서 감사합니다. 제주도에 거주하세요? 부럽네요! 제 꿈이 60세에 제주도 내려가서 사는 건데."

제주도에 거주하시는 고객 분의 부담감과 긴장감을 풀어주기 시작했다.

"제가 각 지역별로 주마다 상담 일자가 잡혀 있어요. 제주도는 7월 첫째 주에 잡혀 있고요. 1일은 제주시 2일 서귀포시 이렇게 잡혀 있습니다. 어느 시에 거주하세요?"

"저 제주시 봉개동에 있어요."

"네 제주시에 거주하시는 군요. 그럼 7월1일 오전 11시 오후 2시 오후 7시 이렇게 시간 비어 있는데 언제로 잡아 드릴까요?"

"11시 괜찮아요. 그런데 제주 저 때문에만 오시는 건 아니죠?"

"네. 제가 앞서 말씀 드린 것처럼 전국적으로 관리하는 고객님만 2,000명이 넘다 보니 지역별로 날짜를 정해서 아침부터 저녁까지 한 카페에서 하루 7명~8명의 고객 분들을 상담해 드리고 있습니다. 이번 달 제주 일정은 6월 초 마감되었기 때문에 7월1일로 잡아 드립니다. 아직 15일 정도 남았는데 그 기간만 기다려 주시면 만족하실 수 있는 상담 도와드리겠습니다."

"네. 감사합니다. 그날 뵐게요!"

전화를 끊고 바로 고객 등록 후 설계를 해보니 월 보험료가 '460원' 이었다. 그렇다. 나는 '상해 실손 의료비 월 납입 보험료 460원' 계약 상담을 위해 7월1일 새벽 제주도로 출발 하였다. 첫 전화 통화를 하면서 '상해실손? 500원 이하겠구나.'라고 바로 계산이 됐다. 그럼에도 불구하고 내가 제주도로 내려간 행동은 훨씬 더 큰 결과를 가져다줬다. 상해 실손 의료비 460원을 시작으로 근무하시는 회사 대표님 소개를 받아 대표님 부부, 자녀 5인. 자녀들의 배우자, 손자들까지 2일간 총 58건 체결 총 보험료는 320만원이었다. 수수료로 따져본다면 회사마다 다르지만 그 당시 회사 기준으로 이틀 만에 약 1,800만원을 번 것이다.

또 한 가지 사례가 있다. 회사에 상담을 요청한 고객님이 계셨다. 그런데 설계사 3명이 취소를 해서 케어를 좀 부탁한다고 연락을 받았고, 나는 그 고객님에게 바로 전화를 했다. 그 분이 거주하시는 곳은 '강원도 인제'였다. 그런데 왜인지 모르게 화가 많이 나신 상태였다.

"아니! 내가 전화해서 상담 신청을 몇 번이나 했는데 온다는 사람이 한명도 없어요!"

"네 바로 상담 드리지 못한 점 죄송합니다. 고객님께 불편함을 드리게 되어 회사와 설계사분들을 대신해 제가 대신 사과드리겠습니다. 지역이 강원도 인제라고 전달 받았는데 맞으신가요? 제 일정상 2주 뒤가 강원도이긴 한데 고객님께서 불편함을 겪고 계신 상황이라 최대한 빠른 상담 일정을 잡으려 합니다."

화가 잔뜩 나있으신 상황이어서 고객님을 진정시키고 최대한 대우받는 느낌이 드실 수 있도록 하였다.

"네 강원도 인제에 거주하고 있습니다. 내일 오실 수 있나요? 시간은 아무 때나 괜찮아요." 시간적으로는 여유가 있다는 것을 확인하고 일정을 잡았다.

"내일 바로는 힘들긴 합니다만 제가 내일 저녁 8시 30분이면 맞춰서 가보겠습니다. 주소 불러주시겠어요?"

"강원도 인제군 ××면 ××로 ××여기를 찍고 오시면 삼거리에 주유소 하나가 보일 거예요. 거기서 전화 주시면 거기서부터는 전화로 알려드릴게요." 다음날 스케줄을 최대한 빠르게 처리하고 강원도 인제로 향했다. 칠흑 같은 어둠에 가끔 보이는 것은 군부대 밖에 보이지 않았고, 날씨는 영하 15도를 가리키고 있었다.

"고객님. 도착 했습니다. 길 알려주시면 되겠습니다."

그때부터 전화로 들려오는 고객님의 음성 네비게이션을 들으며 산 입구에 주차를 하고 휴대폰 후레쉬 하나에 의지하며 걸어 올라갔고 비닐로 덮여있는 조그마한 간이 작업장에서 고객님을 만날 수 있었다. 화가 나신 이유를 여쭤보니 주소를 불러주면 가기 힘들다고 안 온다고 하고 오기 싫어서 개인정보부터 달라고 하는 태도에 화가 난 것이었다. 실제로 만난 고객님의 성격은 매우 좋았다.

"여기까지 오셨는데 빨리 상담하고 집에 돌아가셔야지. 증권 모아놓은 보따리 저거 가져가셔서 보시면 되시고 여기에 우리 가족 정보 넣어놨으니까 다음에 오실 때는 선생님이 알아서 잘 설계해서 싸인 할 서류까지 들고 오세요."

라고 말씀하셨다. 역시 고객은 일단 만나봐야 아는 것이었다. 3명의 설계사가 취소한 이 가정에서 얼마의 소득을 올렸을까? 총 7건의 계약과 모집 보험료는 400만원이었다.

또한 이 글을 잘 읽었다면 위의 내용 중 삼거리 주유소가 생각이 날 것이다. 그 주유소가 고객님이 운영을 하시는 것이었고, 고객님은 상속·증여 컨설팅을 추가로 원하셨기 때문에 세무사와 협업하여 보험에서 활용할 수 있는 상품을 선택하였다. 행동하지 못했던 설계사분들 덕분에 상담이 나에게 오면서 결국 나는 2,000만원의 소득을 얻을 수 있었다.

결국 복잡하게 계산하려 하지 말고 단순하게 생각했으면 좋겠다.

단순하게 생각하면 답이 나온다.

'전화를 할까? 말까? 방문을 갈까? 말까?'

모두가 답을 알고 있다. 행동을 해야 결과가 나온다.

'1000만 원을 벌고 싶은데 어떻게 벌 수 있을까?'

단순하다. 직장생활을 하며 하루 8시간 일하고 450만 원을 받았으면 16시간 이상 일하면 된다. 나의 이야기다. 첫 영업 1년 동안은 3시간 이상 자본적이 없다. 그리고 1년차 이하라면 그렇게 해서라도 고객 수를 무조건 늘려야 한다. 나는 캐리어와 007가방에 청약서류와 휴대용 프린트를 들고 새벽 5시 집에서 나와, 각 시간대별로 만날 수 있는 스케줄을 하루에 7개 이상씩 잡고 마지막 동대문 새벽시장을 끝으로 집에 들어가는 루틴을 매일 18시간 이상씩 독하게 지켰다. 지점 사람들과 말 섞을 시간도 없었다. 사실 섞고 싶은 생각도 없었다. 왜? 나는 돈을 벌기 위해 온 것이지. 친목 다지며 카페에 모여 회의하려고 온 것이 아니니까 말이다. 그렇게 1년을 하니 드디어 주변에서 '아 저 미친놈은 못 따라가겠다.'

소리를 듣는 경지에 오르게 되었다.

두 번째는 Image making이다.

지금의 나를 만들어준 가장 확실했던 전략을 뽑으라면 난 고민하지 않고 'Image making'을 뽑을 것이다. 질문을 하나 해보겠다. '보험 영업 사원'하면 떠오르는 이미지가 무엇인가? 긍정적인가? 부정적인가? 대한민국의 많은 사람들이 보험이라고 하면 안 좋은 인식을 가지고 있고 보험 영업 사원이라고 하면 피하기 바쁘다. 이렇게 안 좋은 환경 속에서 보험을 이제 막 시작한 신입사원이 어떻게 첫 달에 72건을 하여 전국 건수 1등을 했겠는가? 바로 'Image making' 덕분이었다.

'왜 사람들이 보험이라고 하면 만나지도 않았는데 상담도 하기 전부터 피하는 걸까?'

결론은 하나였다. 바로 '신뢰'의 문제였다. 신뢰는 시간이 지나며 점차 쌓여가는 것인데 신뢰를 형성할 기회조차 없는 지금의 환경을 어떻게 극복할 것인가를 고민해보았고 가장 빠르게 신뢰를 얻어낼 수 있는 방법이 바로 'Image making' 이었다.

신뢰를 쌓는 Image making의 첫 번째는 외모다. 예쁘고 잘생기고를 이야기 하려는 것이 아니라, 겉으로 드러나 보이는 '첫 인상'을 말하는 것이다.

12년 전 우연히 '옷이 날개다.' 라는 실험 영상을 본적이 있다. 그 영상에는 한 남성이 나오는데, 그는 셔츠를 밖에 빼입고 운동화에 머리는 만지지 않은 상태로 서서 지나가는 행인들에게 평가를 받았다.

"연봉은 얼마일 것 같아요?"

"1,200만 원?"

"매력점수를 매기자면 0~10점 중 몇 점을 주시겠습니까?"

"0점이요"

겉으로 보이는 그 남자의 평가는 거의 최악이었다. 그러나 그 다음, 최악의 평가를 받은 남성이 멋진 슈트와 구두를 신고 단정하게 헤어스타일을 하고 나갔고, 또 사람들의 평가를 받았다. 사람은 바뀌지 않았지만 어떠한 결과가 나왔을까?

"연봉은 얼마일 것 같아요?"

"음! 전문직이실 것 같고요. 월 1,000만 원, 연봉 1억 2,000만 원!"

"매력점수는요?"

"9.5점이요 성격도 다정다감해 보이시고 좋아보여요."

단지 옷만 바꿨을 뿐인데 전문직에 연봉이 1억이 올라갔다. 심지어 대화도 하지 않았는데 성격까지 짐작하게 되는 놀라운 결과였다. 나는 이 결과를 보며 좋지 않은 시선의 보험 영업인을 고객이 먼저 찾게 하기 위한 이미지 벤치마킹 대상을 찾았고 그 대상은 '뉴스 아나운서'였다. 대한민국 국민들이 방송을 하고 있는 아나운서를 보며 어떤 생각을 하는가?

'저 사기꾼은 뭐야?' 라는 생각을 하는가? 절대 아닐 것이다.

결국 사람들은 이미지를 소비한다.

사람들이 아나운서를 '공신력을 지닌 믿을 수 있는 사람'으로 느끼는 가장 큰 이유는 전문가로 느껴지는 이미지 때문이라고 생각한다. 인터넷 검색 창에 '앵커'라고 쳐본다면 알 수 있을 것이다. 한눈에 봐도 '신뢰'라는 이미지다. 그러니, 고객이 나의 첫인상을 판단하는 시간 '3초' 고객에게 난 어떤 이미지로 보일지 냉정하게 판단해봐야 한다. 그리고 이 '3초'는 카카오 톡으로부터 시작된다. 과거 스마트폰이 없을 당시만 하더라도 대면을 해야 '첫인상'을 보여줄 수가 있었고 문자로 프로필 이미지 MMS를 보내더라도 한계가 있었다. 하지만 지금은 고객과 만나기 전 내 이미지를 보여줄 수 있는 좋은 환경이다. 그러니, 카카오 톡 프로필에 나를 표현할 수 있는 모든 것을 다 넣으면 된다. 보험사 강연을 나가게 되면 카카오 톡 프로필을 다 같이 켜서 옆 사람과 서로 평가를 하게 하는 시간을 꼭 갖는다. 프로필만 보아도 전문가로 느껴지는지, 상담을 받고 싶은지 말이다. 아쉽게도 프로필을 전문가답게 바꿔놓은 분들은 많이 없다. '셀카, 등산 사진, 꽃 사진, 커플 사진 등' 만약 통화 전 카카오 톡을 받은 고객은 뭐라고 생각을 할까?

'등산가인가? 아니면, 꽃집 사장님이신가?'

반대로 생각을 해보자. 고객의 정보를 저장하고 가장 먼저 하는 일이 무엇인가? 대부분 카카오 톡 프로필 사진 확인을 할 것이다. 사진을 통해 직업이 무엇인지, 가족 사항은 어떻게 되는지, 국내 여행을 다니는지, 해외여행을 다니는지 등 통화 전 미리 고객을 파악하고 그 정보를 통해 아이스브레이킹을 하며 첫 TA$^{Telephone\ Approach}$를 할 수 있는 것이다. 우리뿐만 아니라 고객도 우리 프로필을 본다는 것을 인지하고 카카오 톡 프로필을 잘 활용해보자. 고객 전화번호로 바로 전화를 거는 것이 아닌 본인이 다니는 회사 본사 번호로 담당자 배정 안내 문자를 보내어 안심시키고, 카카오 톡을 먼저 보낸다.

이 때 중요한 점은, 톡을 보낼 때부터 '을'처럼 보이는 내용을 보내면 안 된다는 것이다. 예를 들면 '몇 시에 전화 드리겠다.'로 끝내야 한다. 고객에게 시간을 주는 이유는 내 프로필을 확인하고 싶은 궁금증을 줘야하기 때문이다. 고객이 '상담 받고 싶다'라는 욕구를 채울 수 있도록, 카카오톡 프로필 기능을 잘 활용하여 바꾸길 바란다. 적어도 단 1%의 계약률을 올릴 수 있다면 뭐든 해봤으면 좋겠다. 프로필 사진을 전문가처럼 바꾼다 해서 무조건 영업을 잘하는 것은 아니다. 하지만 영업을 잘하는 사람들의 프로필은 본인의 정체성을 뚜렷하게 나타내고 있다. 본인과 가장 잘 맞는 이미지의 프로필을 만들기 바란다.

나의 이미지를 만들기 위해 과감한 시도를 했다.

내가 선택한 프로필 목표는 '강사'였다. 그 당시는 보험방송을 하던 때가 아니기 때문에 전문가로 보이기 가장 좋은 방법은 '강사' 이미지이었고, 프로필을 쓰기 위해서는 '진짜' 강의하는 사진이 필요했다. '가짜 인생'을 살고 싶지 않았기 때문에 어떻게 하면 '진짜' 강사를 할 수 있을까 생각했다. 영업 첫 달 마감 후 복장을 잘 갖춰 본사 교육팀을 약속 없이 찾아갔다.

"교육 팀이 어디죠? 강사가 되고 싶습니다."

교육 팀 스텝 분들은 '누구지?'하는 표정으로 나를 담당자에게 안내했고 나는 담당자에게 당당한 모습으로 말했다.

"안녕하세요. 영업 1차월 마감한 송경훈입니다. 이 회사에서 강의를 하고 싶은데 어떻게 하면 될까요?" 대답은 뻔했다.

"뭘 하실 수 있는데요?"

"신입 교육을 하고 싶습니다."

말하는 대로 이루어진다는 말을 나는 경험으로써 강력히 믿는다. 내가 당시에 할 수 있는 것은 교육이 아닌 공감이었기에 "저도 신입이지만 교육기간 중에 있는 예비 설계사 분들에게 제 이야기를 공유해주고 싶습니다." 라고 말했다. 잠시 스텝 분들의 논의를 거친 후 대답이 돌아왔다.

"이제까지 없던 일이긴 한데 그럼 전국 신입 교육은 어렵고, 사업단 교육할 때 사례공유 정도만 해보시겠어요?"

그렇게 나에게 주어진 시간은 30분이었고, 난 그 30분을 위해 며칠 밤을 새며 장표와 스크립트를 만들고 그냥 툭 치면 술술 나올 정도로 미친 듯 연습하였다. 그렇게 발표 당일, 준비한 PT를 작은 무대에서 마치자 본사 스텝이 나에게 다가왔다.

"우선 프로필 사진으로 사용하신다고 사진 요청하신 거 많이 찍어놨으니까 골라서 쓰시면 될 것 같습니다. 그런데 오늘 사례공유 반응이 정말 좋네요. 다음 달부터는 혹시 매월 1시간으로 가능한가요?"

영업 2차월 만에 말하는 대로 진짜 '강사' 데뷔였다. 나는 작은 사업단 규모의 강사 자리였지만 이미지를 놓치지 않기 위해 더 빛나 보이게 영업에 집중을 하게 되었다. 그렇게 1년의 시간이 지나고 나는 대기업 보험회사의 사내강사로 활동하게 됐다.

어느 날 사무실에서 업무를 보고 있는데 다른 설계사의 통화가 들려왔다.

"네 고객님 제가 강의중이여서 전화를 못 받았습니다."

지금까지 내 앞에서 〈스타크래프트 게임〉을 하던 설계사가 강의중이어서 못 받았다고 말하는 것이었다. 사실 그 전부터 강의를 하는 것만으로는 전문가 어필이 부족하다는 점을 현장에서 많이 느꼈다. 상담을 가면 기존에 담당하던 설계사도 보험회사 강사다라는 말을 몇 번 들었기 때문이다. 그래서 다음으로 준비한 것이 2017년부터 2021년까지 빼놓지 않고 출연한 보험 방송이었다. 여러 번의 카메라 테스트 후 SBS, CNBC(현SBS BIZ) 〈원스톱 재무상담〉, 〈보통사람들〉, 〈마스터플랜 100세〉에 출연하게 되었다. 당연히 1주일에 한 번씩 카카오 톡 프로필은 방송 출연 사진으로 바꾸었다.

또한 강의 사진도 빼 놓을 수 없는 전략이기에 〈삼성전자〉, 〈대우조선해양〉 등 대기업 경제 강연 사진이나 국회방송에 나온 '2020년 국정감사 GA 대표 참고인' 같은 굵직한 사진들도 섞어 주었다. 만약 본인이 상담을 받기 위한 고객의 입장이라면 평범한 설계사와 공신력 있는 방송에 출연도 하고 대기업 강의도 다니는 전문가 중 누구를 선택할 것인가? 당연히 후자다. 이렇듯 시장 환경의 변화에 따라 내 이미지를 어떻게 가져가야 할지 항상 고민하고 시도를 해야 한다. 영업인의 영업방식이 고도화됨에 따라 차별화는 점점 사라지고 고객들도 그만큼 성장한다는 것을 잊지 말아야 한다.

세 번째는 전문 지식이다.

전문 지식의 중요성에 대한 총 2가지 사례를 공유하려 한다.

첫 번째는 〈인간 자판기〉에 대한 내용이다. 영업인은 자판기가 되어야 한다. 우리가 생각하는 돈을 넣고 상품을 선택해 누르면 해당 상품이 나오는 자판기 말이다. 더 나아가서 고객이 콜라를 누르면 "고객님 일반 콜라는 108 칼로리에 당류가 30g 이상 들어가 있기 때문에 몸에 좋지 않습니다. 이번엔 제로 콜라를 드셔보시죠" 라는 권유를 해줄 수 있는 자판기가 되어야 한다. 즉, 고객이 어떠한 질문을 했을 때 자신의 전문 분야라면 0.1초의 망설임도 없이 바로 대답이 나와야 한다는 것이다.

영업 전략 준비 기간 중 지점을 방문해서 시험 준비를 위해 교재를 챙기고 있던 중 선배가 말을 걸었다. "시험공부 하시게요? 그거 실무에는 아무 쓸모없으니까 그냥 대충 보세요."

그때 당시 나는 "아, 이 선배는 실무를 굉장히 잘하시는 분이구나. 안 그래도 친구 어머니께서 알아봐달라고 하신 것 좀 물어봐야겠다." 라고 느꼈고, 선배에게 이렇게 질문했다.

"선배님 뭐 하나만 여쭤 봐도 될까요? 친구 어머니께서 제가 보험 공부를 한다고 하니까 청구서류를 주시면서 좀 알아봐 달라고 했는데요. 뇌동맥류를 진단 받으셨는데 어디서, 어떻게 얼마가 나와요?"

"음, 경훈 씨 그건 알 수가 없고 보험사에 청구를 해보라고 하시면 돼요" 그 때 그 선배에게 큰 실망을 했다. 내가 선배에게 원했던 대답은 상병코드가 어떤 것이고 실손 의료비에서 어떻게 처리가 되고 국가지원은 어떤 것이 나오고 진단비와 수술비는 어떻게 나오는지에 대한 전문적인 부분이었다. 본인의 전문 분야니까 술술 나오길 기대했는데 실망감이 몰려왔다. 그때 다짐했다. '나는 인간 자판기가 되겠다.'

우선 보험 자격시험을 다 합격해 놓은 후 가장 먼저 생명보험, 손해보험 특약을 다 넣고 하루 3개의 특약을 파고 달달 외우기 시작했다. 설계서만 보는 것이 아닌 약관과 각 상병코드 통계청 자료, 각 평균 치료비, 완치율, 각 병원별 암 전문 명의 등 암과 관련된 모든 내용을 외웠다. 이렇게 각 특약별 관련 내용까지 다 외우고, 상병코드와 수술 코드를 외웠다. 단순하고 무식하게 그냥 외웠다. 그리곤 영업 1차월, 차원이 다른 롤플레잉을 하기 시작했다.

"치매 롤플레잉 해보세요."라는 질문을 하면, 다들 상품 설명하기에 바빴다. "이 상품의 장점은 보험료가 저렴한데 보장은 얼마가 나오고 해지환급금이 얼마며…" 내 차례가 되었다.

"고객님 지금 바로 여기 건물에서 나가서서 택시 잡는데 얼마나 걸리실 것 같으세요?"

" 음, 5분 안에 잡히지 않을까요? 보이는 것이 다 택신데요"

"네 맞습니다. 길에 보이는 택시 엄청 많죠. 전국 택시 운송 사업조합 연합회 발표에 따르면 24만대 정도의 택시가 우리의 편의를 위해 길에 자주 보이고 있습니다. 그런데 고객님 혹시 오늘 하루 종일 돌아다니시면서 '치매' 환자분 마주치시거나 보신 적 있으신가요?"

"아니요"

"네. 못 보셨죠. 놀랍게도 우리나라 치매 환자 수는 중앙치매 센터 발표 기준 78만 명입니다. 우리나라 택시의 3배에 달하는 숫자인데요. 택시는 이렇게 자주 볼 수 있는데 왜 오늘 하루 종일 돌아다니시면서 치매 환자분을 한 번도 보지 못하셨을까요? 네, 맞습니다. 대부분 요양 상태로 계시기 때문에 보실 수가 없으셨던 거예요."

라는 내용으로 요양비용은 평균 얼마가 들고 국가 지원은 몇 %가 되며 CDR기준으로 어떻게 지급 받을 수 있으며 등등 처음엔 쉽게 비교 할 수 있는 설명을 드린 후 근거와 출처가 분명한 전문 분야 지식으로 고객에게 전달한다면 고객은 신뢰를 할 수밖에 없다. 명심하길 바란다. 우리가 상담하는 고객은 어쩌면 이 분야에 대해 나보다 더 전문지식을 많이 가지고 있을지도 모른다. 예를 들어 보험업을 하는데 의사, 간호사 등 의료인을 고객으로 만나 상담을 할 수도 있다. 하지만 그 어떠한 사람을 만나도 절대 주눅 들지 않고 질문에 바로 자신 있게 뱉을 수 있을 정도의 지식을 습득 했으면 좋겠다.

두 번째는 전문 자격과 관련된 내용이다. SNS를 보면 자산관리사, 재무 설계사들이 넘쳐 난다. 물론 보험설계사, 자산관리사, 재무 설계사라는 명함을 들고 다니면 세일즈 효과가 있다라는 것을 나도 충분히 공감한다. 하지만 '진짜' 재무 설계사, 자산관리사가 되었으면 좋겠다. 회사에서 만들어 주는 첫 명함을 받았을 때였다. 그때 팀장님 말씀이 "경훈 씨, 그거 어차피 안 쓸 거니까 버려. 다시 맞춰 줄 거야" 그리고 다시 온 명함은 마치 군대에서 업적을 달성하면 화려하

게 가슴에 달아주는 것처럼

'자산관리사, MDRT, 증권투자 상담사, 펀드투자 상담사 등' 화려한 모습의 명함이 도착했다. 팀장님께 여쭤봤다.

"팀장님 저는 MDRT도 아니고 증권투자, 펀드 투자 자격증도 없고 한데 이 명함을 어떻게 들고 다녀요?"

"있어 보여야 고객이 계약을 하는 거예요. 경훈 씨가 있어보여야 고객들이 그걸 보고 계약 한다고."

팀장님의 말을 듣고 그 명함을 고객들에게 주는데 너무 창피했다. 내가 '진짜'가 아니었기 때문이다. 지점에 돌아와서 주위를 둘러보니 회의감이 많이 들었다. 사람마다 원하는 삶의 방향이 있겠지만 빛내서 빛나는 삶을 사는 것은 나랑 맞지 않았다. 지점 절반 이상의 사람들이 외제차를 타고 다녔다. 중요한건 그중에 '자가'를 가진 사람은 한명도 없었다. 대부분 월세, 전세였다. 그 모습을 보고 나는 또 건방진 질문을 하였다.

"선배 이런 외제차를 왜 타시는 거예요? 집을 먼저 사는 것이 맞지 않아요?"

선배는 내 질문에 대답하지 못하였다. 그때, 그런 선배들을 보며 다짐했다. '내가 자격증을 따서 진짜가 되겠다.' 그후, 전문자격증을 취득하기 시작했고 명함에 박혀있는 MDRT도 당연히 달성하였다. 그리고 한국투자증권 PB센터에 자격을 내며 비로소 '진짜'가 되었다.

주위를 둘러보면 위험한 영업 환경에 처해있는 사람들이 많다. 본인이 똑똑해야 당하지 않는다. 명함에 온갖 자격도 없는 사항을 다 박아 놓고 고객이 증권사 상품을 가입하고 싶다고 하면 아는 사람 코드로 경유해서 넣거나 유사수신 즉, 금융 다단계에 빠져있는 사람들도 많이 보인다. 최근 자산관리를 해준다는 업체들이 많아지면서 '유사수신' 행위를 하는 업체들도 보이고 있다. 하지만 제도권 안에 있는 상품만 판매를 해도 충분히 원하는 소득을 취할 수 있고 롱런할 수 있다. 영업이 힘들다고 절대 쉬운 길로 빠지려 하지 않았으면 좋겠다. 영업은 원래 힘들고 어려운거고 토할 때 까지 하는 것이다. 제도권 내에 있는 일반적인 금융사라면 금융소비자 정보포털 파인 또는 금융전자공시 다트에 공시하게 되어있다.

진정한 자산관리사라면 '짜가' 인생이 아니라 '자가' 있는 인생을 살기 위해 본인의 자산관리를 선행한 후, 고객에게 반드시 제도권 내 상품들 중, 고객 적합성에 맞는 최적의 상품으로 제안해야 한다.

네 번째는 차별화 전략이다.

대한민국에는 현재 50만 이상의 보험설계사가 생존을 위해 오늘도 현장에서 뛰고 있다. 50만이라는 숫자가 감이 안 올 수 있으니 좀 더 와 닿게 말한다면, 우리나라 경제활동 인구수 2,600만 명을 보험설계사 수 50만 명으로 나누면 한 설계사당 가입할 수 있는 고객의 수가 52명 정도다. 이 글을 보는 신입이라면 '52명하고 그만 둬야하는 건가?' 라고 걱정할 수도 있는데, 그러지 않아도 된다. 대부분은 5명의 고객도 만들지 못하고 그만 둘 것이니까. 현재 보험업계는 여러

보험사 상품을 판매할 수 있는 GA^{General Agency} 설계사 수가 계속 늘고 있다. 그 말은 어느 GA를 가도 똑같은 상품을 판매할 수 있다는 것이다. 앞서 말했던 것처럼 보험환경이 발전하는 만큼 고객도 성장했기 때문에 A설계사한테 가입하나 B설계사한테 가입하나 똑같은 보험료에 똑같은 특약을 넣을 수 있다는 것도 알고 있다. 이 책을 보는 영업인이라면 누구나 이런 경험이 한번쯤 있을 것이다. 정말 최선을 다해서 고객이 만족할 만큼의 상담을 다 해줬는데 결과는 내가 해준 설계 그대로 고객이 아는 설계사한테 가입한 경우. 왜 그런 일이 발생 했는지 생각해보자. 우선 우리는 컨설턴트가 아니라 세일즈맨이다. 고객에게 가장 좋은 조건을 찾아 고민과 문제를 해결해주는 역할도 하지만 궁극적으로 그 문제해결과 동시에 고객에게 선택받아 계약을 하는 업을 하는 것이다. 왜 선택 받지 못했을까? 바로 매력이 없었기 때문이다. 그러니 어떠한 방법을 써서라도 매력 있는 사람이 되어야 한다. 매력을 발산하는 수많은 차별화 전략 중 예시 하나만 들어 보겠다.

영업하는 사람의 전화는 24시간 쉬지 않는다. 그렇기 때문에 고객과 상담 중 전화 오는 경우가 분명히 발생을 할 수 밖에 없다. 만약 당신이 고객과 상담중일 때 전화가 걸려온다. 이때 당신은 어떻게 행동할 것인가?

1. 지금 상담중이라 끝나고 전화 드릴게요.
2. 문자메시지로 돌린다.
3. 거절로 돌린다.

　　　　　　　　　　　　　　　　　　　　송경훈

어떻게 할 것인가? 대부분의 사람들이 상담 중 전화가 오면 하는 패턴이다. 당장 눈앞의 고객만 보기 때문에 충분히 그럴 수 있다. 하지만 그 모습을 본 고객은 어떻게 생각할까? 물론 대부분의 고객들은 이제까지 본 설계사들도 그렇고 본인도 상담 중에 전화가 오면 돌리니까 아무렇지 않은 반응일 것이다.

고객은 상품이 아니라 사람을 본다.

하지만 나에겐 상담 중 고객의 전화가 오면 또 하나의 차별화를 보여줄 수 있는 기회였다. 상담 중 고객 전화가 오면 무조건 받았다. 우선 양해의 말을 전했다.

"고객님 상담 중 정말 죄송한데 제가 직접 관리하고 있는 고객님이셔서 괜찮으시다면 전화 좀 받아도 될까요?"

이때 단 한번도 "안 돼요! 제 상담이 먼저잖아요"라고 하는 고객을 보지 못했다. 허락 받은 그 다음은 양해의 말을 전하고 "네 안녕하세요. 고객님. 아~ 병원 다녀오셨어요? 청구는 걱정하지 마세요. 전화 끊고 비서 통해 바로 연락드리라고 할게요! 걱정 마시고 병원 다니셔도 됩니다!"라고 말한 뒤, 통화를 종료하고 한마디를 더 얹었다.

"아 고객님 정말 죄송합니다. 저는 제가 직접 보험 관리를 하고 있는 고객님의 전화가 오면 좋은 일도 있겠지만 아프거나 다치거나 하는 경우가 더 많기 때문에 전화를 받을 수밖에 없습니다. 양해해 주신 만큼 더 만족스러운 상담으로 보답해드리겠습니다. 다시 시작할까요?"

이때 당신이 고객이라면 어떨 것 같은가. 고객의 경험상 보험설계사는 가입할 땐 간, 쓸개 다 빼줄 것처럼 하다가 실제로 보험금 청구하려고 하면 전화도 안 받고 맨날 돌리고 하는데 '이 사람은 뭐지? 이 사람이라면 가입 후 내 전화도 저렇게 받아주겠지?' 라는 생각을 할 것이다. 이처럼 어떻게 하면 다른 설계사와 나를 다르게 보이게 할까 끊임없이 고민하고 실천해야 한다. 무엇이든 좋다. 나는 영업 초반에 이런 것도 했다. 나는 키가 크고 피부가 검은 편이다. 그래서 자칫하면 누군가에게 무서워보이지는 않을까라는 생각이 들어 그날 바로 동대문에 위치한 완구 골목을 갔다. 최대한 귀여워 보이는 계산기를 사기 위해서였고, 그날 내 손바닥 두 개만한 분홍색 〈헬로키티〉 계산기를 구매했다. 결과는 어땠을까? 당연히 좋았다. 검은 피부에 키 187cm의 남자가 무표정으로 들어와 가방에서 〈키티〉 계산기를 꺼내며 "안녕하세요, 고객님 아, 이 계산기요? 저희 딸이 지난주에 산건데 제 스타일이여서 딸 몰래 가지고 나왔어요." 라고 했다고 생각해보자. 그 자체로 '아이스 브레이킹'이 끝났다. 분위기를 충분히 풀고 전문가적 이미지와 지식을 가지고 상담을 해주었으니 당연히 선택 받을 수밖에 없었다.

언제까지 사무실에 앉아서 이 보험사, 저 보험사 비교하며 고객한테 어떤 것이 더 좋을까 고민하지 말자. 어떻게 고객의 마음을 사로잡을 수 있을까 고민하자. 고객은 상품을 보는 것이 아니라 사람을 본다.

마지막 다섯 번째는 동기부여 전략이다.

지점에 방문해 보면 설계사분들의 모니터를 보게 된다. 모니터엔 고가의 차량이나 시계를 배경화면으로 해놓은 설계사분들이 꽤나 있다. 하지만 내 동기부여는 '부모님'이었다. 내가 현재 의 모습으로 성장할 수 있었던 가장 큰 이유는 세상에서 가장 존경하는 나의 '부모님'이다.

나의 부모님은 40년간 눈이 오나 비가 오나 바람이 부나 월화수목금토일 매일 아침 8시부터 저녁 8시까지 가게를 열었다. 난 일을 하며 매일 이 생각을 했다.

'이 시간에 우리 부모님은 뼈 빠지게 일하고 계신다.'

나도 사람이기에 주말이면 쉬고 싶은 것이 사실이다. 하지만 부모님께서 일하고 계신데 나는 쉴 수가 없었다. 2019년 8월3일 영동고속도로에서 8중 추돌사고 1차 피해를 입고 차가 반파되어 전손이 되었을 때도, 지점장님께서 원주 톨게이트로 와 주시면 안 되냐고 해서 상담을 갔다. 8월 5일까지 잡힌 상담을 다 마치고 버티다, 버티다 병원을 갔는데 4번 디스크가 터졌는데 어떻게 지금까지 버텼냐고 했다. 치열하게, 정말 열심히 살았다. 결국 내가 하고 싶은 이야기는 동기부여를 자동차나 시계 같은 사치품에 두지 않았으면 좋겠다는 것이다. 자동차나 시계는 한번 목표를 이루고 나면 끝이다. 좀 더 가치 있는 나만의 동기부여를 만들어보길 바란다.

나의 또 다른 동기부여 자극제는 '나' 자신이다. 매일 나 자신을 냉정하게 평가하며 찢고 또 찢었다. 그리고 그 상처가 아물기 전에 또 찢어서 굳은살을 만들었다. 3W 140주를 했을 때도 COT를 할 때도 월 100건을 할 때도 수많은 칭찬이 있었지만, 귀에 담지 않았다. 오히려 매일 기록을 보며 반성했다.

'오늘 상담할 때 이 얘기만 한 번 더 던졌어도 한 건 더 나왔을 텐데…'

그리고 반복된 실수를 하지 않기 위해 기록하고 다음 상담 때 꼭 그 얘기를 던졌다. 독하게 살기 위해 여러 습관들이 생겼다. 싸인을 못 받게 되면 상담할 때 사용했던 펜을 버렸고, 출근 시 자동문을 열 때 기도를 하는 습관이 생겼으며, 상담 잘 되는 날의 속옷 색이 공교롭게도 똑같아, 어느새 내 속옷 장은 다 똑같은 색이 되었다. 이처럼 나를 냉정하게 평가하고 항상 반성하고 실천해야 한다. 본인이 업계를 다 아는 척하지 말고 잘 될 때일수록 더욱 겸손하게 성장해야 한다. 나는 대한민국의 영업인들이 대접 받는 세상을 만들기 위해 오늘도 열심히 발자국을 남긴다.

송경훈

전지선

05

두 아이의 엄마로서 영업에 뛰어들어
자신만의 확신만을 믿고 도전해
억대 연봉이 아닌, 억대 월봉을 달성한
리만코리아 강남수서 지사장

'안 될 변명을 찾지 말고,
해야 할 이유를 찾아라.'

평범한 누군가의 꿈을 도전과 열정으로 실현한 ㈜리만코리아 강남 수
서 BR 지사장이다. 두 아이의 엄마로서 영업에 뛰어들어 자신의 확신
만을 믿고 도전하였고 결국 억대 연봉의 신화를 일궈냈다. 선택했다면
도전하라.
이 시대의 트랜드를 반영한 새로운 비즈니스 컨설팅의 방향을 제시하
며, 긍정과 선함의 리더십으로 함께하는 모든 이들의 성공을 돕고 있다.

E-MAIL : suniluvjs@naver.com

영업으로 억대 월봉을 벌게 됐다.

영업을 선택한 이유는 물론 '돈'이었다. 그것도 많은 돈, 나는 일정한 안정적인 수입을 가지고 계획하며 쪼개 쓰는 돈이 아니라 가급적 빠른 시간 안에 큰돈을 벌고 싶었다. 그래서 돈을 많이 벌 수 있는 방법을 찾아야 했다. 우리나라에서 금수저로 태어나 많은 재산을 상속받지 않은 경우, 갑자기 큰돈을 버는 직업이 무엇이 있을까 생각했다. 억대 연봉의 전문가, 연예인, 운동선수, 투자, 그리고 영업. 이 중에 내가 할 수 없는 것을 제거해 나갔다, 나는 이미 아이가 둘인 엄마로서 가정을 가진, 30대 중반을 훌쩍 넘긴 나이였다. 고소득의 전문가가 되려면 공부하고 연구하고 스펙을 쌓고, 그렇게 몸값을 키워야 하는데 나이, 상황, 여건 모든 것이 불가능했다. 그래서 패스, 그리고 연예인도 그럴만한 끼가 있는 것도 아니다. 그래서 또 패스, 운동선수야말로 어릴 때부터 환경, 열정, 자본, 시스템까지 모든 것이 갖추어지지 않으면 이도 불가능한 일이다. 투자도 마찬가지였다. 부동산이건, 주식이건 종잣돈이라는 것이 필요한데 나에겐 그럴 여유자금이 없었다. 그렇다면 남은 건 영업이었다. 그렇게 나는 〈인셀덤〉이라는 화장품 영업에 뛰어들었고 2년여가 지난 지금 억대 연봉도 아닌 억대 월봉을 벌고 있다. 그리고 2021년 지사장이라는 직함까지 달게 되었다. 서울 한복판에 아파트 한 채 마련하는 것이 우리나라 중산층 충족 조건의 하나라는데, 나는 로또를 맞지 않으면 절대 불가능한 대한민국의 중산층 언저리에 있는 중하층이었다.

남편은 언제나 "로또 맞으면 아파트 하나 살 수 있겠지."라고 이야기를 했고, 그 말은 우리 형편으로는 아파트 한 채 장만하기는 절대 불가능하다는 소리였다. 난 그 말이 왠지 서글펐다. '다른 것도 아니고 대한민국에 살면서 중산층이 되는 것이 그렇게 어려운 일이어야 하나?' 그래서 나는 돈에 가치를 부여했다. 아파트, 차, 그리고 무엇보다 우선인 나의 아이들… 그래서 나의 성공의 기준은 돈이었고 그 돈을 벌게 해준 영업이라는 도구는 오롯이 내가 선택하고 집중한 무기였다. 나는 이제 중산층에 당당히 진입하고도 남을 돈을 벌게 되었고,

그 때 내가 영업을 선택한 것은 '탁월했다'고 스스로 자부한다. '이게 가능하다고? 믿을 수 없어' 라고 할지도 모르겠고 또는 '설마, 저것도 영업 전략이지 않을까?'라고 할 수도 있다.

그러나 분명 사실을 정확하게 볼 줄 아는 혜안을 가진 사람들도 있을 것이다. 내가 승승장구하며 상승곡선을 그려나가자 처음에는 회의적이던 반응을 보였던 많은 지인들이 그 비결이 무엇인지 궁금해 했다. 지금부터 내가 영업으로 성공할 수 있었던 자세한 이야기를 해볼까한다.

기회는 잡는 사람의 것이다.

인생에 있어서 누구에게나 기회는 반드시 온다. 하지만 많은 사람들이 기회를 놓치고 살아간다. 하지만 '나는 정말 운이 없어, 이번 생은 그냥 이렇게 살 팔자야' 라고 치부하며 사는 사람에게 기회는 그 뒷머리조차 내어주지 않는다. 명심하라. 기회는 기다리는 것이 아니라

찾아가야 한다. 그냥 기회가 내 앞에 올 때까지 기다리고, 기회가 내게 잡혀 줄 때만 기다린다는 것은 로또를 사고 혹시나 하고 있는 것과 마찬가지다. 대부분의 사람들은 무언가를 선택할 때에 결과물 또는 결과치를 나타내는 데이터를 기반한 분석을 전제로 선택을 한다. '어느 회사가 뭘 출시할 예정이라더라, 이 회사가 이번에 상장이 될 것이다. 모델은 누구, 누구를 쓴다더라…' 주변에서 접할 수 있는 정보들이 나에게 가져올 이득을 계산하고 투자를 할 건지 아니면 하지 않을 것인지 나름대로 신중하게 선택한다.

예전에 커뮤니티에서 유명한 이야기인데 주식분석을 오랫동안 해온 남편이 산 주식은 다 날아가서 휴지조각이 되었고 주식에 대해서 아무것도 모르는 아내가 한 회사의 제품이 마음에 들어서 샀던 주식은 대박이 났다는 재밌는 일화가 있다.

당연히 일반화를 하면 안 되지만, 무언가를 선택할 때 너무 많은 경우의 수를 따지기보다는 많은 생각이나 분석이 필요 없을 때도 있다.

절박함을 인위적으로라도 만들어라.

망설임과 고민은 많은 기회를 놓치게 한다. 분석을 하고 데이터를 쌓고, 소스를 입수해서 주식을 하면 항상 성공을 하는가? 신중한 분석도, 때를 기다림도 그 100% 성공률 즉, 확률이 보장이 되어야 신중한 선택과 분석적 사고의 역량이 입증되는 것이다. 나로서는 기다리는 것은 할 수 없었다. 절실했기 때문이다. 절실함, 절박감은 스스로 만들어 갈 수도 있다고 생각한다. 나는 영업을 하자고 마음을 먹었을 때 특유의 승부욕을 극대화하기로 마음먹었다. 그래서 나는 더욱 절박함 속으로 나를 밀어 넣을 무언가가 필요했다. 영업을 선택하고 본격적인 영업을 하게 되었을 때 나는 외제차를 할부로 뽑았다. 그리고 그 할부 비용을 감당하는 것으로 나를 밀어붙이고 압박하였다. 그래야만 할 것 같았다. 절벽 앞 낭떠러지에 있어야 더욱 간절해진다라고 확신했다. 절박함을 인위적으로라도 만들어 100%로 능력을 발휘하는 것이 바로 영업의 첫 번째 비결이다. 남들이 생각하는 묘수는 존재하지 않는다. 그리고 외제차를 할부로 산 무리한 도전 덕분에 나는 현재 남부럽지 않은 돈을 영업으로 벌고 있다.

선택을 했다면 바로 행동해라.

성공의 비결은 단 하나다. 선택을 했다면 바로 행동하는 것이다. 처음 내가 이 아이템을 선택했을 때. 이렇게까지 큰 성공을 가져올 것이라고는 생각지 못했다. 많은 생각을 하지 않고 시작했다. 하지만 인생은 언제나 기회와 선택의 연속이다. 누군가는 아무 생각 없이 바르고 좋다고만 만족할 때, 누군가는 이 좋은 걸 팔면 돈이 되겠다라고 생각하는 것처럼 말이다.

운이 좋게도 내가 구매한 화장품이 그저 소비자로 머물 수 있는 것이 아닌, 누구나 사업자가 되어 판매 매출을 낼 수 있는 너무나 매력적인 비즈니스시스템을 가진 회사의 제품이었고, 돈을 벌 수 있는 아이템을 찾던 나에겐 아주 좋은 기회였다. 하지만 내가 전혀 경험이 없는 화장품이라는 아이템과 다단계사업 아니냐는 오해로 주변에서는 부정적으로 말하며, 나를 외면하거나 말렸다.

내가 아무리 제품력도 좋고 회사의 비전이 좋다고 전해도 귓등으로 흘려듣는 사람이 대부분이었다. 그도 그럴 것이 회사가 창립된 지 2년이 채 되지 않았었기에 정보 자체가 굉장히 부족했다. 인지도는커녕, 알만한 모델이 홍보를 해준다거나 시스템에 대한 설명이나 데이터도 없었다. 그저, before&After가 확실하다는 제품력 하나. 그것뿐이었다.

한 해에 새로 출시되는 제품들이 셀 수 없이 많고, 1년 안에 사라지는 회사 또한 많은 업계가 뷰티, 화장품이다. 누구나 쉽게 시작할 순 있지만, 자본이나 영업, 마케팅 등 여러 경영에 대한 유지를 하기 힘들어 시작하는 회사의 수만큼 없어지는 회사 또한 많다는 것이다. 그러니 신생 회사의 제품과 비전을 아무리 전해도 긍정적으로 들어주는 사람 한 명 찾기가 쉽지 않았다. 내세울 것이라고는 후기 사진뿐이었다. 지금 생각해보면 누군가가 내게 와서 고작 저것으로 같이 사업하자고 하면 나 역시도 일단 NO를 할 것 같다. 내가 먼저 시작했었기에 가능한 입장이었다. 얼마나 다행인지. 결국 다른 사람보다 먼저 기회를 잡았다는 것. 즉, 선점이었다.

나는 기회를 놓치지 않았고, 선택했다. 분명 누군가는 나보다 더 빨리 제품을 써봤어도 소비자로 만족하며 사업 기회를 놓친 사람도 많을 것이다. 그리고 누군가는 기회를 알아봤어도 아직은, 돈이 없어서. 부담스러워서. 회사가 조금만 더 성장하면 등등의 이유로 선

전지선

택이라는 결정을 미뤘을 것이다. 지금 이 순간도 많은 사람들은 선택을 미루고 있을 것이다. 신중함을 앞세우며. 나는 그런 사람들에게 꼭 말하고 싶다. '기회는, 놓치면 다시 오지 않을 수 있다.'

물론 그 선택의 결과가 매번 좋을 순 없을 것이다. 하지만 그것 또한 나에겐 경험이 될 것이고, 그 경험은 분명 과정으로 단련될 것이며 그 모든 것이 자양분으로 어느 때, 생각지도 못한 상황에서 발현될 것이라 믿는다. 그러니 지금 당장 해라.

3년 전 그리고 오늘, 그리고 3년 뒤, 다른 하루를 보내고 싶다면 말이다.

결정을 했다면, 생각은 그만하고 과감하게 행동해라.

영업을 시작하고 수많은 거절과 부정적인 시선을 받았다. 심지어 지인들조차도 우려와 걱정을 넘어 나를 이상한 눈으로 바라보기도 했다. 그 때문이었을까. 내가 지인들에게 먼저 영업할 때 카카오 톡 명단을 보게 되면 내 생각을 넣어 '이 사람은 안 살 거야, 이 사람은 안 할 거야, 이 사람은 더 좋은 제품을 쓰던데.' 등의 평계로 나도 모르게 하나둘씩 지우며 목록을 만들고 있었다. 아직 절실함이 가득 차지 않아서였다. 내가 당장 돈을 구하지 않는다면 아이들을 데리고 쫓겨난다고 생각하면 이 사람 저 사람 가릴 것인가? 안 빌려줄 것 같은 사람에게도 연락해서 부탁할 것이다. 생각이란 것은 여유가 있을 때 더 많이 하게 되는 것이다. 막상 궁지에 몰리면 생각보다 행동을 먼저 하게 된다.

이때 거절에 대한 상처를 최소화하기 위해 나는 적당한 허세도 부렸다. '아니면 말고!' 속으로 수없이 되뇌었다. 이미 말이 입에서 나오기도 전에 온몸으로 거절을 하고 있는 사람에게도 일단 권했다. 그리고 돌아서서 이렇게 스스로에게 말했다.

'아니면 말고!'

무조건 직진 했다가 아니면 돌아가면 된다. 저 사람이 구매할지, 안 할지의 확률은 50대 50이지 않은가? 그렇다면 주식보다, 부동산보다, 그리고 로또보다도 더 높은 확률인데 그냥 지나칠 수는 없었다. 영업 잘하는 비법? 그런 것이 있었다면 왜 굳이 미친 듯이 밤을 새서 운전하고 휴게소에서 자고, 김밥, 햄버거로 끼니를 때우며 다음 지역 미팅 장소로 이동하는 고생을 했겠는가. 영업에 왕도는 없다. 이것저것 닥치는 대로 다 한다.

결정을 했으면 생각을 접자. 상상해보라. 구체적으로 내가 목적을 이루면 하고 싶었던 것들, 내가 타고 싶은 차를 사는 모습, 그리고 서울 한복판의 멋진 아파트에서 아이들의 웃음소리, 기뻐하는 남편의 얼굴을 떠올리면, 나의 가능성을 제한하는 그 어떤 것도 존재할 수 없다.

안 될 변명을 찾지 말고, 해야 할 이유를 찾아라.

'호박벌' 이야기를 들어 본 적이 있다. 호박벌은 몸의 크기는 크고 뚱뚱한 몸집에 비해 날개가 매우 작다. 과학자 등은 호박벌의 신체 구조를 가지고 공중에 떠 있는 자체를 기적이라고 한다. 그런데 호박벌은 열악한 신체 구조에도 불구하고 하루에 200km 이상을 날아서 이동한다. 200km를 거리로 가늠 해 보면, 서울에서 강릉까지라고 보면 된다. 공중에 떠 있는 것조차 규명할 수 없는 작은 날개로, 자동차로 이동해도 수 시간이 걸리는 거리는 어떻게 날아간다는 것일까? 상식으로는 설명을 할 수 없는 기적이다. 하지만 이러한 기적의 주인공인 호박벌은 자신이 날지 못한다는 사실을 전혀 모른다고 한다. 오직 꿀을 얻기 위한 호박벌의 간절함이 기적을 만들어 내는 것이다.

안 되는 이유 말고, 될 것이라는 믿음도 아닌 100% 된다는 확신이다. 호박벌처럼 말이다. 꿀을 얻어야 하고 그곳으로 가야 한다면, 내가 유일하게 가진 것이 작은 날개뿐이어도 아무 문제가 없다. 그냥 날아가는 것이다. 중간에 어떠한 장애물에도 포기나 타협하지 말고, 나아가면 된다. 우리는 코로나로 인하여 2년 동안 많은 것을 제한 당했고, 일에서도 많은 타격을 입었다. 그러나 그 와중에는 코로나 덕분에 특수를 누리는 사람도 분명히 존재한다. 그들은 코로나 '때문에'가 아니라 '덕분에'로 사고를 전환하고 시대에 발맞춰 그들의 역량을 개발했다. 영업도 마찬가지다. 내가 당연히 을의 위치에서 고객을 대하기보다, 어떻게 하면 갑의 위치에서 고객을 대할 수 있을지 고민해봐라. 이처럼 기존의 생각을 바꾸면 의외로 더 단순하게 풀리는 경우도 생긴다. 생각을 전환하고, 나의 고정관념을 내려놓으면 분명 다른 것들이 보이기 시작할 것이다.

고객에게 신뢰를 줄 수 있는 겉모습을 만들어라.

화장품을 판매해야 했기에 나는, 외모는 누구에게도 뒤지지 않을 정도로 공을 들였다. 내 모습이 갖춰져 있지 않으면 다른 사람에게 신뢰감을 줄 수 없다. 성형외과에 가면 실장님처럼 예뻐질 수 있다는 생각에 예약을 하고 나오는 경우가 많고, 기획 부동산 컨설팅 업에 종사하는 분들도, 항상 돈 많은 고객을 상대하지만 그들보다 더 비싼 명품을 휘두르고 미팅을 한다. 이유는 마찬가지다. 고객의 신뢰감 형성. 돈을 투자하면 많은 수익을 낼 수 있는 컨설팅을 하는 사람이 싸구려 옷을 입고 시계를 찬다면, 뭐라고 생각할지 뻔하다.

'투자해서 다 날린 거 아니야?'

성형외과에 상담하러 갔는데 실장의 얼굴이 별로면, 성형을 하고 싶다는 욕구가 생기지 않을 것이고, 화장품을 파는 내가 피부가 좋지 않으면 매출에 분명 영향이 있을 것이다. 항상 치열하게 고민하고 관리하고 스스로에게 투자해야한다. 고객의 신뢰를 얻기 위해서다. 그 신뢰감과 맞물려 매출의 곡선이 우상향을 한다. 영업을 하며 하루 4시간 이상 자본 적이 없었고 정말 어렸던 아이들을 뒤로 하고 여벌의 옷을 차에 두고, 전국을 돌아다녔다. 며칠을 아이들 얼굴을 볼 수 없었던 때도 있었고, 캐나다에서 오신 엄마와 외식 한번을 할 시간이 없었다.

당연히 나도 아이들과 함께 즐거운 시간을 보내고 싶었고, 친정 엄마 병원도 모시고 가고, 맛있는 식사도 대접해 드리고 싶었다. 그러나 그 당시의 나는 지금 여기서 승부를 보지 않으면 다시는 기회

전지선

가 오지 않을 것만 같았다.

　나는 한창 예쁜 아이들이 커가는 모습을, 부모님과 애틋한 시간을 반납했다. 대신 나는 아이들의 빛나는 미래와 부모님의 편안한 노후, 그리고 또 다른 비전을 얻었다.

　그렇게 대가지불을 통해 내가 얻은 성공은 무엇보다 달콤했다. 아이들에게 제공할 많은 기회, 앞으로 무엇을 하든지, 마음먹은 대로 할 수 있다는 자신감, 부모님을 기쁘게 할 수 있다는 확신. 결국 돈을 통해 나의 삶의 많은 선택지를 얻게 된 것이다.

확실하게 준비하기보다 뜨거운 열정으로 일단 시작하자.

새로운 일을 막 시작했을 때, 가장 에너지가 좋다. 기대치가 한껏 올라가 있고, 또 할 수 있다는 막연한 열정이 끓어 넘치기 때문이다. 마치 임계점을 넘긴 끓어 넘치는 100℃의 물처럼.

　우리 업계에서 늘 외치는 말이 있다.

　'3개월만 미쳐라! 3개월만 죽을 만큼 해라!' 그때가 바로 끓어 넘치는 내 열정과 에너지를 전할 수 있는 황금 타이밍이기 때문이다. 그런데 미팅을 해야 할 시기에, 좀 더 준비가 필요하다며 미팅을 미루며 제품을 분석하고 연구만 하는 사람들이 있다. 반면, 제품도 보상도 잘 모르면서 같이 하자며 무작정 리쿠르팅을 하는 사람이 있다. 과연 둘 중에 누가 성과가 좋을까?

　놀랍게도 의외로 프로페셔널한 사람보다 막 설레어하고 기대하며 확신 있는 모습을 보여준 사람이 더 성과가 좋다.

나도 사업을 시작한 지 얼마 되지 않았을 때 미팅할 때마다 걱정이 앞섰다. '상대방이 부담스러워하진 않을까? 혹시 돈이 없는데 내가 너무 눈치가 없는 걸까? 혹시나 내가 틀렸으면 어쩌지?'

혼자서 고민하고 결정하는 신종 병이 생긴다. 나의 걱정들이 진입 장벽이 되었다. 그 임계점을 넘어서는 순간까지 이 '~할까봐' 병과 나의 열정이 치열하게 싸움을 벌였다. 그러다 내가 첫 달 수당을 받았을 때, 비로소 나는 그 '~할까봐' 병에 완전한 항체가 생겼다. 심장이 터질 것 같았고, 그런 나의 확신과 에너지가 폭발했다. 그 에너지가 우체국 택배를 보낼 때도 터져 나왔다. 정신없이 팔려나가는 제품 덕에 매번 우체국에서 택배를 보냈는데, 어느 날 우체국 직원이 먼저 나에게 말을 걸었다.

감출 수 없는 에너지로 확신을 전파하라.

"대체 어떤 일 하세요? 이게 뭐길래 이렇게 많이 자주 보내시는 거예요?"

"아, 이거 돈 버는 화장품이에요!"

새어 나오는 웃음과 너무나 당당했던 나의 말에 직원분이 나의 고객이 됐고, 파트너가 되었다. 그분이 내 파트너가 될 수 있었던 건 과연 화장품 때문이었을까? 내가 만약 그냥 "아, 이거. 화장품이에요."라고 했다면 호기심이 생겼을까? 그런데 나는 말했다시피 수당을 받고 이건 그냥 효과 좋은 화장품이 아니라 돈이 되는 화장품이라는 확신으로 가득 차 있었기 때문에 돈 버는 화장품이라고 당당하

전지선

게 말했던 것이다. 그 직원뿐 아니라 그때 누군가가 나를 봤다면 열이면 열, 분명 이렇게 질문했을 것이다.

"뭐 좋은 일 있나 봐?"

확신은 그런 것이라 생각한다. 감출 수 없는 에너지. 상대방은 내가 하는 말이 아닌 확신에 찬 눈빛과 목소리 톤을 보고 결정을 한다.

영업하는 사람치고 친절하지 않은 사람이 없다. 그중에 영업 왕이라고 하는 사람들을 보면 정말 늘 웃음을 띠고 있다. 마치 좋은 카드를 가진 사람처럼. 웃는 얼굴을 보며 기분 나쁠 사람 누가 있으며, 모질게 대할 사람이 있을까? 웃으며 전하는 나의 에너지. 그것이 상대의 마음을 움직인다고 생각한다. 물론, 그때 바로 무언가가 이루어지지 않더라도 분명 나를 기억할 것이다. 그러니 일단 웃어라. 그런 하루하루가 쌓여 내 얼굴이 되고 그런 나를 마주하는 사람들에게 웃음 에너지를 전할 수 있다. 그리고 그렇게 상대에게 전해진 에너지는 당신에게 달콤한 성취로 다가올 것이다.

말로 선포를 하면 반드시 이루어진다.

말의 힘을 믿는가? 누군가가 이렇게 묻는다면 나는 1도 주저하지 않고 〈그렇다〉라고 할 것이다. 생각은 말이 되고 말은 현실이 된다.

식물도 애정 어린 말의 에너지에 좋은 열매를 맺는다는 실험 결과에 흥미로웠던 적이 있다. 어느 유아교육 프로그램, 한 교실에서 두 개의 방울토마토 모종으로 실험을 하였다. 두 개 중 하나는 예쁜 말로 매일매일 물을 주고, 다른 하나는 아무 말 없이 물만 주었다. 시간이 지나고 열매를 맺을 시기가 다가왔다. 그리고 놀랍게도 매일 매일 "예쁘다, 오늘도, 많이 컸네, 잘 자라주어 고마워."라는 긍정적인 말을 해주었던 화분과 그렇지 않은 화분에 맺힌 열매는 점점 자라면서 그 크기와 빛깔의 차이가 극명하게 나타났다.

식물도 이러한데, 사람은 말할 것도 없다. 나에게 가장 큰 힘을 준 건, 남편의 긍정적인 말이었다. 주변 지인들이 모두 부정적인 말을 해도 남편만큼은 남의 편이 아닌 내 편이었다. 내가 일을 마치고 집에 돌아오면 "아이고, 전지선 점장님. 오늘도 수고하셨습니다."라고 너스레를 떨며, 점장도 아닌 신입을 점장으로 불러주었다. 그리고 이미 점장이 되었을 때는 나를 〈전지선 지사장님〉이라고 불렀다. 그리고 실제로 작년 12월 나는 지사장이 되었다.

일을 할 때도 나는 항상 스스로에게 말로 세뇌를 했다. '나는 반드시 잘 할 수 있다.' '나는 반드시 해낼 것이다.'

영업의 열정 온도는 3개월이다. 3개월 동안은 불 속에라도 달려 들어갈 것 같은 열정이 넘치다가도 어떤 결과의 모습이 보이지 않으면 그 열정 온도는 서서히 내려가기 시작한다. 나는 그럴 때마다 말로 먼저 스스로에게 선포했다. '나는 꼭 1등이 될 것이다, 언제까지 할 것이다.' 이렇게 매일 매일 말들을 쏟아내고, 이를 책임지기 위해 더 열정을 끌어올렸다.

그리고, 그렇게 말을 하고 말에 대한 책임을 위해 동분서주한 지 단 1년 만에 내 통장에 믿을 수 없는 숫자가 찍혀 있었다. 이미 경험한 내가 확신한다. 말이 가진 에너지가 마법을 만들어 낸다. 그러니 당신들도 반드시 할 수 있고, 할 것이고, 해낼 것이다.

기초생활수급자에서
연봉 10억의 신화를 이뤄낸
프라임에셋 보험대리점
최연소 이사

'주사위는 던져졌다.
누구보다 간절하게
성공에 대한 목표를 갖고
도전하라.'

프라임에셋 보험대리점 최연소 이사.
600명의 영업조직을 이끌고 있는 조직의 리더.
기초 생활 수급자라는 어린 시절을 보내고 대기업 고졸공채로 입사 후
직장인의 한계를 느낀 뒤 보험영업을 시작해서 연봉 10억의 신화를
이뤄냈다. 이 책을 통해 연봉 10억의 성공레시피를 대한민국 영업인
들에게 공유한다.

E-MAIL : xh5tx02@naver.com

어린 시절, 기초생활수급을 받았던 집안 형편으로 경제적으로 어려운 시간을 보냈다. 경제적으로 어려웠기 때문에 자연스럽게 남들보다 돈에 대한 필요성을 절실히 느끼면서 자랐다. 가정에 조금이라도 보탬이 되기 위해 중학교에 진학해서부터는 해보지 않았던 알바가 없을 정도였다. 그러나 중고등학교 시절에 했던 알바로는 많은 돈을 벌 수 없었다.

알바로 어렵게 돈을 마련하여 등록금을 내고 대학교를 다녔지만, 1학년을 마치고 군대에 갔다. 첫 휴가를 나올 때쯤에 심각하게 고민을 했다. 남들은 즐거워하는 휴가 기간 동안 나는 '과연 내가 복학해서 대학 등록금은 낼 수 있을까? 어디서 대학 등록금을 빌려야 될까? 부모님에게 부담이 되진 않을까?' 등의 걱정을 하며 매우 힘든 휴가를 보냈던 기억이 있다.

그때, 여러 가지 고민 끝에 나는 '어렵게 등록금을 마련해서 대학을 다니는 것보다는 먼저 취업을 해서 돈을 벌어야겠다.'라는 결정을 했고, 한참을 고민했다. '어떤 직업을 가져야 부자가 될 수 있을까?'

당시 내가 살던 곳은 천안이었는데, 천안에는 우리나라 최고의 기업인 S그룹이 있었으며, 내가 자주 봤던 분들은 대부분 S그룹에서 근무하는 고졸 생산직이었다. 그분들이 연말 보너스를 400-500만 원 받는 모습을 자주 보며, 나도 자연스럽게 그 환경에 물들었고, 'S그룹이라는 회사에 고졸 사업으로 취직해야만 돈을 많이 벌 수 있구나.'라는 생각을 자연스럽게 하게 되었다.

원하던 대기업에 입사했지만 남은 건 회의감뿐이었다.

휴가가 끝나고 군대로 복귀한 뒤, 제대까지 남은 10개월이라는 기간 동안 S그룹에 고졸 공채로 입사하겠다는 목표를 세우고 시험 준비를 시작하였다. 개인적인 여유가 잘 나지 않는 군대생활 동안 짬이 나는 대로 최선을 다해 공부를 했다. 전역한 뒤, 바로 S그룹에서 고졸 공채 사원 채용 공고가 났으며, 나는 지원하여 시험을 봤다. 그리고, 운이 좋게도 남들은 여러 번에 걸쳐서 도전해야 하는 S그룹 고졸 공채 시험에 72대 1의 경쟁률을 뚫고 당당하게 한 번에 합격하였다. 그러나 그렇게 원하던 S그룹이라는 회사에 입사한 뒤, 1년 3개월 만에 스스로 회사를 그만두게 되었다. 이유는 S그룹에 입사하게 되면 내 인생이 바뀔 줄 알았는데, 1년이 넘은 시점에서도 바뀌는 게 하나도 없었기 때문이다. 나는 S그룹을 다니며 두 가지의 회의감이 심하게 들었다.

첫 번째 회의감은 아무리 열심히 일해도 보수는 정해져있다는 것이었다. 나는 남들보다 엄청난 열정을 가지고 업무에 임했었다. 그러나 아무리 열심히 일해도 내가 받을 수 있는 급여는 정해져 있었고, 1년이 지나고 업무에 익숙해지자 회의감이 들었다. 직장 선배들은 야간 근무가 되면 어디에 숨어 있는지 알 수가 없을 정도로 대충 일했지만 나는 혼자 새벽 내내 일하는 경우가 허다했었다. 그럼에도 불구하고 월급날에는 일을 더 많이 한 나보다도 일을 제대로 하지 않았던 직장 선배들이 더 많은 급여를 받는 모습을 보면서 큰 회의감이 들었다.

두 번째로는 내가 아무리 열심히 일해도 결과는 같았다는 것이다. 내가 다녔던 S그룹에서 5년 된 선배나 10년 된 선배들을 봤을 때 하나같이 다 똑같은 삶을 살았다. 15평짜리 중소형 아파트에 살면서 은행에서 대출을 갚는 모습과 당시에 가장 많이 팔렸던 EF소나타를 자가용으로 구입하여 타고 다니는 모습을 보며, 미래의 내 삶이 너무 뻔하다는 생각이 들었다. 나도 5년 뒤, 10년 뒤에는 직장 선배들과 똑같은 삶을 살게 될 것을 생각하니 가슴이 답답해져서 더 이상 회사를 다닐 수가 없었다.

남들이 부러워하는 S그룹을 그만두고 나서 나는 누군가가 정해주는 삶을 사는 것이 아니라 내가 삶고 싶은 대로 사는 주체적인 삶을 살고 싶었다. 그리고 누구나 공평하게 보상을 받는 직장을 다니는 것보다는 내가 노력한 만큼 확실한 보상을 받을 수 있는 보험 영업직에 도전하기로 결심하였다. 나의 결정에 대해 남들은 "아무리 고졸이라고 하더라도 안정적이고 복지가 좋은 S그룹을 그만두고 어떻게 보험 영업을 시작할 수 있느냐?"라고 걱정스러운 듯이 물었다.

하지만 내가 남들이 부러워하는 S그룹을 그만두고 보험 영업직을 선택하겠다는 결정을 과감하게 할 수 있었던 이유는 바로 '잃을 게 크게 없다'라는 것이었다. 주사위는 던져졌고, 나는 누구보다도 간절하게 성공에 대한 목표를 가지고 도전하게 되었다.

여러분들은 지금까지 살면서 감명 깊게 읽은 책이 있는가? 혹시 감명 깊게 읽은 책이 있다면 그 책에서 기억에 남는 구절이 몇 개 정도 되는가?

아마도 대부분 기억이 잘 나지 않을 것이다. 그 이유는 책을 읽을 당시에는 마음에 드는 구절을 보면 '아 정말 좋은 내용이구나.' 라고 느낀다. 그리고 머릿속에 기억으로 저장해둔다. 그러나 시간이 점차 지나며, 망각이라는 무의식이 우위에 있기 때문에 기억이 점차 소멸된다.

그래서 책을 읽고 좋은 구절을 보고 실천해야 하겠다는 생각이 든다면 좋은 구절은 반드시 필기를 하거나 밑줄을 그어 두고, 지속적으로 읽으면서 실천하는 습관을 가져야 한다. 반복적으로 실행하는 습관을 만들어야만 변화가 일어날 수 있기 때문이다. 생각에는 힘이 없고 실천에는 힘이 있다. 사람은 누구나 좋은 것을 보면 하고 싶다는 생각이 들지만, 실천하는 사람만이 성공할 수 있다.

독일의 사상가이자 경제학자인 칼 마르크스는 "사람은 적당히 게으르고 적당히 나약하다. 그게 모든 것의 문제다."라고 하였다.

인간의 본성은 본래 나약하다. 그래서 편안하고 익숙한 습관들을 찾게 되기 때문에 새로운 도전에는 두려움을 갖는 것이 당연한 것이다. 그래서 평범한 사람들이 부자가 되기 위해서는 기존의 익숙한 습관에서 벗어나 부자가 되기 위한 습관을 갖기 위해 도전을 해야 한다. 나는 부자가 되기 위해서는 의식적으로 부자가 되는 행동을 반복해서 습관이 될 만큼 익숙해져야 한다고 생각한다. 명심하자. 부자가 되기 위해서는 부자의 습관을 가져야 한다.

내가 가장 좋아하는 말이 있다. "생각이 감정을 만들고, 감정이 행동을 만들고, 행동이 결과를 만들어낸다." 결국, 성공을 하기 위해서는 어떠한 마음가짐(생각)으로 어떠한 목표(감정)를 가지고 어떠한 습관(행동)을 지니고 있느냐가 가장 중요하다.

마음가짐의 중요성.

나는 어떤 일을 시작하기 전에 여러 가지를 고려해 보는 것은 당연하지만, 너무 깊게 고민하는 것도 좋지 않다고 생각한다. 고민이 깊을수록 꼬리를 물고 고민만 하게 되고 결국에는 실행하지 못하기 때문이다. 예를 들어 너무 깊게 고민하면

'A를 잘 모르니 B는 하기 어렵고, B가 안되면 C, D도 안 된다.' 식으로 부정적인 생각이 이어져, 처음에는 '이걸 내가 할 수 있을까?'라는 생각이 '나는 할 수 없다.'는 생각으로 결론을 내게 한다. 이처럼 고민이 깊어지면 사람은 자신감을 상실하게 되며 '안 될 변명'만 찾게 된다.

그래서 나는 어떤 일을 하든 긍정적인 생각을 가진다. 긍정적인 생각은 나에게 자신감을 주고, 열심히 하게 만들어준다. 결국 어떤 상황에든 긍정적인 마음가짐을 갖고 일을 헤쳐 나가라. 긍정적인 마음가짐이 나에게 자신감을 주고, 도전하게 하며, 오랫동안 할 수 있는 힘을 주는 원동력이 된다.

내가 정한 목표는 내가 하는 일의 방향성을 결정하는 데 중요한 역할을 한다. 따라서 목표가 뚜렷해야 내가 하는 것을 확실히 이룰 수 있다. 만약 목표가 없거나 뚜렷하지 않으면 내가 아무리 좋은 마음 가짐을 가지고 있어도 아무런 효과를 보기 어렵다. 부자가 되기 위해서는 큰 뚜렷한 목표를 잡아야 하고, 구체적으로 세분화 시켜야 한다.

큰 목표를 이루기 위해서는 목표를 세분화시켜서 기간별 목표를 세워야 한다. 예를 들어 목표를 세분화하기 위해서는 년 단위 목표, 반기 단위 목표, 분기 단위 목표, 월 단위, 주 단위, 일일 단위처럼 기간별 목표를 세워야 한다. 기간별 목표를 세우고 기간이 끝날 때마다 목표에 도달한 정도를 점검하여 목표에 도달하지 못한 부분은 더욱 열심히 도전해야 하며, 목표에 도달한 부분은 다른 곳으로 노력을 분배해야 한다. 이처럼 목표를 세분화하고 그에 따른 점검을 함에 따라서 목표에 도달할 수 있는 가능성은 높아지고, 부자가 될 수 있다.

나는 매일 취침 전 일일마감을 한다. 매일 일일 단위로 마감을 진행함으로써 내가 오늘 진행한 업무를 체크하고, 내일 해야 할 일에 대한 리스트를 작성한다. 그렇게 매일 밀도 높게 살아가며, 내가 원하는 목표에 한발 한발 다가가고 있다.

결국 행동이 답이다.

아무리 긍정적인 마음가짐을 가지고 큰 목표를 세웠다고 해도 행동하지 않으면 아무 의미가 없다. 주변을 보면 목표는 세웠지만, 목표에 도달하기 위한 행동을 하지 않는 사람들을 볼 수 있다. 그들은 대부분 성공하지 못한다. 부자가 되려는 목표에 도달하기 위해서는 반드시 목표를 세우고 목표에 도달하기 위해서 행동해야 한다.

당신이 반드시 SNS를 해야 하는 이유.

와이즈앱·와이즈리테일 리포트에서 2021년 2월 23일 발표한 통계 자료를 보면 우리나라 총인구 51,628,117명 중에서 국내 스마트폰 사용자 수는 45,680,998명으로 88.5%가 사용하고 있으며, 이중 가장 많은 사람이 사용한 앱은 카카오톡으로 4,253만 명이 사용한 것으로 조사되었으며, 유튜브^{YouTube}는 4,039만 명, 네이버는 3,716만 명, 쿠팡은 2,216만 명, 네이버 밴드는 1991만 명, 인스타그램^{Instagram}은 1,593만 명, 네이버 지도는 1,578만 명, 배달의 민족 1,529만 명, 당근마켓 1,440만 명, 페이스북^{Facebook} 1,062만 명 순으로 나타났다.

이처럼 현재 SNS를 하지 않는 사람을 찾기가 더 어려울 정도로 SNS는 일상생활 속에 자연스럽게 녹아들었다.

따라서 억대 연봉을 받기 위해서는 반드시 SNS를 해야 한다. 그 이유는 아래와 같다.

　　　　　　　　　　　　　　　　　　　　　　　　안주원

첫 번째, SNS는 나를 대신해서 홍보해준다.

내가 페이스북, 인스타그램과 같은 플랫폼에 올린 게시글은 내가 잠을 자는 순간에도 활동한다. 누군가가 나도 모르는 시간에 내 플랫폼에 들어와서, 나의 피드를 보고 나에 대해서 알아가게 되고 호감을 갖게 된다.

SNS는 내가 잠자는 순간에도 365일 24시간 내내 나라는 사람에 대해 홍보를 해준다. 이처럼 SNS는 나를 대신해서 일하는 분신을 하나 더 만들어 주는 역할을 하고 있다.

둘째, 퍼스널 브랜딩을 확실하게 해준다.

퍼스널 브랜딩$^{Personal\ Branding}$은 자신을 브랜드화하는 것을 말한다. 성공하기 위해서는 특정 분야에서 차별화되는 나만의 가치를 높여서 인정받아야 하는데, SNS는 특정 분야에서 차별화되는 나만의 가치를 높여서 성공에 이르게 해 준다.

그렇다면 수많은 SNS의 플랫폼 중에서 어떤 플랫폼이 가장 효과적일까?라는 의문이 들 것이다. 나는 영업인들에게는 카카오 톡과 카카오스토리가 가장 효과적이라고 말하고 싶다. 보험 영업을 하다 보면 나와 접점이 전혀 없던 소개 고객들이라든지, DB를 통해 고객과 만나 접하게 되었을 때, 내가 고객들과 통화를 하고 나면, 고객들은 '나에게 배정된 전문가는 어떤 사람일까?'라는 궁금증을 갖는데, 그 궁금증을 조금이나마 해결하기 위해서 나의 핸드폰 번호를 저장하게 되면 자동적으로 카카오 톡에 연동하게 된다. 그때 고객은 나의 카카오 톡 프로필 사진 또는 대화 명을 통해서 내가 어떤 사람인지를 짐작할 수 있게 된다.

카카오 톡 프로필이 곧 당신의 첫인상이다.

카카오 톡 프로필에는 반드시 긍정적인 단어로 된 문장을 올려야, 고객에게 긍정적인 기운을 전달하게 된다. 카카오 톡에 올리는 사진과 글은 나의 일상에 대한 소개나 내가 올리고 싶은 내용을 올리는 것이 아니라, 고객의 입장에서 전문가로 보일 수 있는 이미지와 내용, 대화 명으로 해야 한다.

영업하는 사람들에게 카카오 톡 프로필은 명함과 같다. 고객과 처음으로 대면하는 공간이기 때문에 가장 중요하게 신경을 써야 한다. 더 나아가 카카오 톡과 연동되어 있는 게 카카오스토리라는 플랫폼이기 때문에 나와 전화 통화를 한 고객은 자연스럽게 카카오 톡을 주고받으며 자동적으로 카카오 스토리까지 보게 된다. 그래서 나의 고객들 중에서 나의 카카오스토리를 미리 본 고객들은 나와 처음 만나는 것인데도 불구하고 나에 대하여 내적인 친밀감을 느끼면서, 나에 대한 신뢰감을 가지고 만나게 되어 계약으로 연결되는 경우가 많다.

나는 카카오 스토리가 영업에 매우 중요한 영향을 준다는 것을 알고 있기 때문에 카카오 스토리를, 고객들이 나를 성실하고 전문적이고 항상 긍정적이고 밝은 이미지로 인식할 수 있도록 꾸며놓았다. 고객들은 나의 피드와 사진을 자주 보면서, 자연스럽게 내적 친밀감이 형성이 되어, 초면에도 서먹서먹하지 않고 자연스럽게 친근한 관계가 된다. 더욱이 내가 올린 피드를 보면서 나에 대한 신뢰감과 전문성을 가지고 오기 때문에 계약률이 훨씬 높아지게 된다.

고객과의 친밀감을 형성할 수 있는 아이스 브레이킹.

아이스 브레이킹$^{Ice-Breaking}$이란 고객과의 첫 만남에서 느끼는 얼음과 같이 차가운 분위기를 영업에 도움 되는 분위기로 전향적으로 바꾸는 기법을 말한다. 영업을 잘하는 사람들의 공통적인 특징은 아이스 브레이킹 화법을 잘한다는 것이다.

아이스 브레이킹은 고객과의 친밀감을 형성하는 시간이다. 예를 들어서 영업자와 고객이 처음 만나게 되면 둘 사이는 당연히 어색할 수밖에 없다. 그 어색함을 허물지 않고 바로 영업 상담으로 들어가게 되면, 내가 전달하고자 하는 내용을 100% 전달하기는 힘들다. 그래서 고객과의 첫 만남에서는 반드시 어색함을 풀고 난 뒤, 본론에 들어가야만 내가 준비한 내용들을 더 효과적으로 전달할 수가 있다.

가장 효과적인 아이스 브레이킹 화법은 SNS와 접목하는 방법이다. 예를 들어 고객의 카카오 톡 프로필을 쭉 넘겨보는데 어느 곳에 여행 갔다 온 사진이 있다면, 그 사진을 가지고 대화를 시작하면 아주 쉽게 아이스 브레이킹을 할 수 있다. 실제로 내가, 보라카이로 여행을 다녀온 고객의 카카오 톡 프로필 사진을 보고 아이스 브레이킹을 해서 효과를 본 사례를 간략히 소개하겠다.

"고객님 만나서 반갑습니다. 저는 ○○보험회사에서 고객님의 재무 설계를 위해서 방문한ㅈ 통화를 하니 카카오 톡 친구로 등록되어 있던데 우연히 프로필 사진을 보니 필리핀의 보라카이를 다녀오셨더군요. 저도 3주 뒤에 부모님과 같이 보라카이로 여행을 가기로 했는데, 업무에 바쁘다 보니 여행 계획을 하나도 못 세웠지 뭐예요."

"와, 어떻게 아셨어요? 이번 휴가 기간에 보라카이를 갔는데 해변이 너무 아름다웠어요. 여행 계획을 세우지 못했다고 하셨는데 제가 가본 곳 중에서 해변은 롱비치가 좋고, 호텔은 리젠트 호텔이 가족 단위로 숙박하기가 좋아요. 음식은 한식당이 많아서 한식을 먹기도 좋지만, 현지식도 정말 맛있어요. 돌아올 때는 친척들에게 줄 기념품을 선물로 사 왔는데 다들 좋아했어요."

사람은 누구나 자기가 자랑하고 싶은 것을 말할 환경을 만들어주면 좋아한다. 따라서 처음 만난 고객과 가장 빨리 친해지는 것은, 고객으로 하여금 자신이 자랑하고 싶은 것을 자연스러운 분위기를 만들어 말하게 하는 것이다. 같은 경험을 상대방과 공유했을 때 사람들은 마음을 열고, 자연스럽게 친밀감을 형성하게 된다.

이처럼 아이스 브레이킹 화법은 자연스럽게 고객과 영업자 간의 친밀감이 형성되며, 고객으로 하여금 영업자에 대한 호감을 불러일으킬 수 있는 가장 효과적인 방법이다. 추가로 고객의 말이나 행동에 적절한 리액션을 해주면 고객은 영업자에게 더욱 큰 호감을 가질 수 있다. 이러한 호감과 친밀감은 상담을 진행하는 과정 중에 큰 실수만 하지 않으면 계약을 성사할 수 있는 확률이 높아지게 만들어 준다.

나는 이러한 아이스 브레이킹 화법을 통한 계약 성사가 많았다. 그러니, 고객을 만나기 전에 그들의 SNS를 사전에 충분히 조사를 해서 고객의 취향과 무엇을 좋아하는지, 무엇을 자랑하고 싶은지를 분석해서 상황에 맞는 아이스 브레이킹 화법을 준비해간다면 계약률을 훨씬 더 높일 수 있을 것이다.

영업 상담을 더욱 효과적으로 만들어주는 클로징 방법.

영업 상담을 더욱 효과적으로 만들어 주는 것이 클로징이다. 클로징은 영업을 끝낼 때 마지막으로 마무리하는 단계를 말한다. 몇 시간 동안 정성 들여 상담을 했어도 마지막에 클로징을 잘못하게 되면 그동안의 노력이 말짱 도루묵이 된다.

클로징을 할 때 가장 중요한 것은 영업자 스스로가 자신이 판매하는 상품에 대해서 확신을 가지고 있어야 한다는 것이다. 예를 들어서 "고객님 저한테 상담 받으셨는데 한번 좋은 쪽으로 고민해보세요. 이 상품은 정말로 좋은 상품이신데 좀 고민해보시고 연락주시겠어요?"라고 얘기하게 되면 연락이 올까? 이런 경우에는 절대 연락이 오지 않는다. 하지만,

"이 상품은 현재 고객님이 가입할 수 있는, 대한민국에 나와 있는 상품 중에서 최적화된 최고로 좋은 상품이라고 확신할 수 있습니다. 그래서 저도 가입했고 또 저의 가장 소중한 가족 분들 또한 이 상품을 다 가입했습니다. 저를 믿고 가입하시죠. 어차피 가입해야 할 보험이라고 생각하신다면 지금 가입하셔야 합니다. 제가 30개 보험 회사의 상품을 다 비교해 고객님께 가장 잘 맞는 상품을 추천해드렸습니다."

이렇게 내가 판매하고 있는 상품에 대한 확신이 있을 때 고객은 영업자의 말에 관심을 가지고 계약을 하게 되어 있다.

그리고 여기에 다음과 같은 추가적인 클로징을 해주면 금상첨화다. 고객의 입장에서는 돈이 나가는 이야기가 아니라 돈을 아낄 수 있는 방법을 이야기해주는 설계사에게 신뢰를 갖게 된다. 예를 들면 대부분의 설계사들은 "고객님. 이거 지금 가입하셔야 돼요. 이거 다음 달이면 보험료가 5% 인상되거든요. 더 비싸질 수 있기 때문에 지금 가입을 하셔야만 돈을 아끼실 수가 있습니다."와 같은 화법을 통해서 이제 고객 분들을 설득한다.

그러나 나는 여기에 추가적으로 클로징할 때 돈을 아끼는 정도가 아니라 고객이 돈을 벌 수 있다는 이야기를 해 준다. 예를 들어,

"보험 상품 같은 경우는 제가 30개 상품을 비교해서 최적화된 상품을 안내를 드립니다. 하지만 이거는 저를 제외한 다른 설계사들도 누구나 할 수 있습니다. 그러나 가장 중요한 건 계약이 아니라 관리입니다. 저는 고객 분들을 위해서 보상 사례집이라는 걸 끊임 없이 공부하고 있습니다. 저희 조직이 총 600명인데 이 600명의 사람들이 저희 조직에서 고객 분들이 실제로 보험금 청구했던 사례들을 모아서 매일 공부하고 있습니다. 보험금을 청구했을 때 보험회사에서는 절대 보험금을 쉽게 지급하지 않습니다. 그랬을 때 저희가 처리했던 사례들을 직접 공부하며 고객님께 보험금이 지급될 수 있도록 최선을 다하겠습니다."

와 같이 고객에게 돈을 벌 수 있는 이야기들을 해줘야 한다. 그러면 보험을 들고도 돈을 아끼는 정도가 아니라 돈을 벌 수 있다는 생각에 영업자를 더욱 신뢰하게 돼서, 자신뿐만 아니라 다른 사람에게도 소개를 해준다.

영업에서 롱런할 수 있는 가장 특별한 스킬은 소개 영업이다. 소개 영업은 원래의 고객이 다른 고객을 소개해주는 것을 말한다. 소개 영업의 중요성은 저자가 굳이 언급하지 않더라도 모두가 알고 있을 거라 생각이 든다. 소개를 잘 받을 수 있는 스킬은 어떤 것이 있는지 자세히 다뤄보겠다.

첫 번째로 소개를 잘 받기 위해서는 기존 고객들을 잘 관리해야 한다. 내가 평소에 연락 한 번도 없고 고객 관리를 하지 않은 상태에서 갑자기 계약 건이 필요해서 고객을 급작스럽게 찾아가 소개 요청을 하게 되면 소개를 시켜줄까? 이런 경우 절대 소개를 받을 수 없다. 평소에 내가 고객과 좋은 관계를 유지하고 있어야 하고, 체계적인 관리가 이루어져야만 내가 필요해서 다른 고객을 소개해달라고 요청했을 때 자연스럽게 소개가 이루어지는 것이다.

그리고 소개를 받았다고 가정을 해보자. A라는 고객이 B라는 고객을 소개시켜줘서 내가 B라는 고객에게 전화를 드려서 상담이 잡히면 대부분의 영업자들은 다이어리에 스케줄을 적게 된다. 그러나 나는 가장 먼저 B를 소개시켜준 A라는 고객에게 연락을 한다. "고객님! 고객님께서 소개시켜 주신 분을 언제, 언제 만나기로 약속을 잡아서 연락을 드렸습니다. 소개시켜 주셔서 감사하고 제가 그 믿음에 보답할 수 있도록 상담을 잘 준비해서 진행하도록 하겠습니다." 물론 B가 A에게 나를 만났다고 말하겠지만, 내가 직접 감사 인사를 드리는 것이 A라는 고객 입장에서는 당연히 더 기분이 좋을 수밖에 없다.

그렇게 시간이 흘러서 상담이 잘 돼, 계약까지 체결됐다고 가정을 해보자. 그러면 다시 한 번 계약이 체결되자마자 A고객에게 연락을 드려서 "오늘 만나서 상담을 진행하고 계약이 체결되었습니다. 진심으로 감사드립니다." 한 번 더 인사를 드리는 것이다. 또한 계약이 이루어졌으면 빠른 시간 내에 A라는 고객님을 찾아뵙고 감사 인사를 다시 한 번 더 하는 것이 좋다.

"고객님, 제가 이번에 사실은 회사 내에서 진급을 앞두고 있었는데 이번에 소개시켜 주신 계약 건으로 인해서 다행히도 진급할 수 있게 되었습니다. 이상하게도 고객님이 소개시켜 주시는 분들은 계약이 다 잘 이루어지고 성향도 너무 좋으신 것 같아요. 앞으로도 소개 잘 부탁드리겠습니다."라고 하면 자연스럽게 소개 요청을 한 번 더 할 수 있게 된다. 이런 식으로 소개를 해준 고객에게 상시 보고를 통해 영업자에 대한 신뢰감을 향상시켜 협력 관계를 이끌어 내야 한다. A고객이 영업자의 협력자가 되게 되면 B고객에게 미리 연락을 해서 상품에 대한 계약이 용이하도록 더 도움을 주게 된다.

둘째는 소개 요청을 하는 스킬이다. 소개 요청을 하기 가장 좋은 타이밍은 두 가지가 있다. 첫 번째는 상담을 진행하고 계약서에 서명하는 순간이 가장 좋다. 계약서에 서명하는 순간 영업자에 대한 신뢰감과 상품에 대한 인정이 바탕이 된 상태이기 때문에 자연스럽게 소개를 요청하게 되면 웬만하면 소개를 해준다. 두 번째는 계약을 하고 나서 추후에 보험 상품 같은 증권을 전달할 때다. 영업자가 증권을 전달하기 위하여 다시 한 번 고객을 찾아뵐 때는 이미 상품에 대한 신뢰감을 갖고 있으며, 영업자와도 친해진 상태이기 때문에 소개 요청을 하면 기쁜 마음으로 소개를 해준다. 소개 요청을 할 때는 "고객님 혹시 제 상담이 도움이 안 되셨나요? 도움이 되셨나요." 라며 내가 듣고 싶은 답을 뒤에 물어보는 것이 중요하다. 그러면 대부분의 고객이 도움이 됐다고 말한다. 다음에는

"제가 상담을 진행을 하면서 혹시 부담을 드렸나요? 아니면 부담을 드리지 않았나요?"라고 하면 부담을 주지 않았다고 한다. 그러면 나의 상담이 도움이 되고 부담이 되지 않았다고 대답할 것이다. 그러면 이때 소개 요청을 자연스럽게 한다.

소개 요청을 할 때는 "주변에 저축이 필요하신 분들을 소개 좀 해주세요."라고 하게 되면 절대 안 되고 구체적으로 요청해야 된다. 예를 들어

"친동생 분 있으시죠? 친동생분도 이제 ○○님과 같이 저에게 재무 상담을 받게 되면, 저축에 대한 필요성을 분명히 느끼시고 도움 되는 부분이 많으실 거예요. 그리고 제가 부담도 드리지 않을 거고요. 그래서 00님에게 제가 도움드릴 수 있는 시간만 만들어 주세요."라고 하면 고객에게 부담을 주지 않으면서 소개 요청을 하게 되고, 또 쉽게 다른 고객을 소개받을 수 있다.

이처럼 소개 요청은 고객에게 구체적으로 하되 부담을 주지 않는 선에서 진행해야 한다. 소개 요청에 대한 이야기를 꺼내기 어려우신 분들을 위해서 다음과 같은 방법도 있다.

"저희 회사에는 고객 만족도 점검표라는 저희만의 양식이 있습니다. 계약하고 나서 고객님에게 저희 상품이나 상담에 대한 후기와 평점 리뷰를 받고 있는데, 인사 고과에 꼭 필요한 서류거든요. 솔직하게 고객 만족도 점검표를 작성해 주시면 진심으로 감사하겠습니다."라고 하면서 고객으로 하여금 만족도 점검표 작성을 성실하게 작성할 수 있도록 요청하는 것이 좋다. 고객 만족도 점검표의 여러 가지 문항을 작성하다 보면 소개 요청 리스트가 나오기 때문에 자연스럽게 지인 소개를 받을 수 있다.

이수인

07

**신용불량자에서 2021년 한 해만
약 1,300억 매출을 달성한
분양 업계의 떠오르는 여성 리더**

'돈을 많이 벌고 싶다면
그만큼 후회 없이
최선을 다해라.'

에스아이컴퍼니 대표이자 분양 업계의 떠오르는 샛별. 100여 명의 분양상담사 조직의 총괄 본부장으로 2021년 한 해만 약 1,300억 매출 달성. 신용불량자였지만 타고난 통찰력과 실행력으로 단기간에 회사 설립, 억대 연봉을 일궈낸 여성 리더다.

E-MAIL : lsi7021@naver.com

20살, 많은 친구가 자유를 누렸지만 나는 달랐다. 주경야독. 낮에는 유치원 교사로, 밤에는 유아교육과 야간대학을 다니며 교사로서의 지식을 쌓았다. 그저 평범한 유치원 교사였지만 갖고 싶고 먹고 싶은 것 참아가며 월급의 80% 이상을 적금하며 착실히 살았다. 누가 뭐라 해도 최선을 다한 5년이었다. 하지만 통장에 모인 금액은 고작 5천만 원에 그쳤다. 주변에서는 대단하다며 입 모아 칭찬했지만 그동안의 노력을 아는 나로서는 대가가 너무 초라했고, 더 나아가 직장 생활로는 내가 꿈꾸는 성공을 이룰 수 없겠다는 생각이 들었다. 결정, 아니 결단이 필요했다. 앞으로도 지금처럼 살 것인지, 아니면 새로운 도전을 할 것인지. 당연히 나의 선택은 후자였다. 그렇게 다니던 유치원을 그만두고 동료 교사와 김밥 장사를 시작했다.

당시 20대 중반답게 '언니김밥'이라는 네이밍으로 수원의 여고와 여대 일대를 돌아다니며 열심히 팔았다. 새벽 3시부터 졸린 눈을 비비며 김밥을 말았고, 고객들을 위해 유자차도 준비했다. 손발에 동상이 걸려도, 몸이 으스러질 듯이 피곤해도 돈을 벌기 위해 요즘 말처럼 영끌(영혼 끌어모으기)했다. 그러나 이내 노점상의 한계와 부딪혔다. 고민 끝에 매장을 차리기로 하고 발품 팔며 여기저기 뛰어다녔다. 그런데 세상은 어찌도 내 마음처럼 되지 않는지 어느 하나 만만한 게 없었다. 수도권 외곽임에도 권리금, 월세, 보증금, 인테리어 등 기본으로 마련해야 할 자본금만 7천만 원이었다. 하는 수 없이 부족한 금액을 채우기 위해 학습지 영업 교사가 됐다. 오후 1시부터 새벽 1시까지 운전-수업-운전-수업의 연속이었다. 내가 움직이는 만큼 수익은 올라갔지만 체력이 바닥을 향해 가고 있었다. 게다가 새로운 수업을 계약해야 인센티브를 받을 텐데 기존 수업이 포화 상태라 그마저도 어려웠다. 또다시 한계와 마주했다. 그리고 묻고 또 물었다. '도대체 나는 뭘 해야 성공할 수 있을까?'

누구나 소망하는 금전적 여유를 내 것으로 만들기 위해 위험을 감수하며 다단계도 주식도 손댔다. 결과는 번번이 실패였다. 그렇다고 성공한 사람을 부러워하고 있을 수만은 없었다. 마지막이라는 다짐으로 쇼핑몰 사업에 뛰어들었다. 오픈빨이었는지 첫 1년은 제법 괜찮은 수익을 거뒀다. 이에 사무실 규모를 키우고 직원도 고용하고 비록 중고였지만 고가의 외제차도 덥석 구매했다. 물 들어올 때 노 젓는다며 내실을 다지기보다 눈에 보이는 외형에만 신경을 쓴 것이다. 결국 나는 빚 5천만 원의 신용불량자가 됐다. 불도저처럼 야심차고 용감했던 나는 20대 마지막에 스스로에 대한 의심 가득한 빚쟁이의 모습이었다.

가치를 찾아 도전한 새로운 세계.

빈털터리가 된 나는 본가로 돌아와 지나온 과정을 곱씹으며 회의감과 좌절감에 시달리며 시간을 보냈다. 그에 더해 매일 쉴 새 없이 울리는 독촉 전화와 식당 설거지, 헬스장 청소, 돌잔치 보조 스태프 등의 아르바이트를 하며 빚을 갚기 위한 몸부림을 치느라 지쳐갔다. 더욱이 친구들이 대학 캠퍼스 생활을 즐기고 해외여행 다니며 SNS

에 자랑해도 내 삶을 성실히 일구고 있는 나를 믿으며 충분히 보상받을 것이라 확신했었기에 더 힘들었다. 그로써 불면증에 시달리는 날이 점점 길어졌다. 그러는 와중에도 희망을 놓치지 않았는지 '지금은 힘들어도 30대부터는 가치 있는 일을 하며 여유로운 삶을 살자!'며 다독였고, 매 순간 나를 성공으로 이끌어줄 도구를 찾고 또 찾았다. 그러던 어느 날, '우리나라에서 가장 비싼 물건을 팔면 돈이 되지 않을까?'라는 생각이 번뜩 떠올랐다. 그 즉시 채용공고 사이트 검색으로 '분양상담사'라는 직업을 알게 됐다. 그때까지 무수한 직업을 거쳤지만 단 한 번도 경험해보지 못한 분야였다. 잘 모르지만 망설일 틈이 없었다. 누구도 말리지 못하는 도전정신으로 2020년 3월 3일, 분양상담사로 첫 입사를 했다. 직업 특성상 4대 보험도 없고, 지역을 옮겨 다녀야 하는 수고로움이 있었지만 내게는 큰 장애물이 아니었다.

내 선택은 옳았다. 2년도 채 되지 않아 모든 채무를 일시 상환했고, 나의 성공 상징이었던 포르쉐 마칸 GTS를 장만했다. 부모님께도 전원주택과 제네시스 G80을 선물했다. 또 내 명의의 상가에서 월세도 받고 동생이 원하는 가게도 오픈할 수 있게 해줬다. 평생 하지 못했던 효도를 하며 이씨 가문의 '영광'이 됐다. 더 감격스러운 것은 그동안 월 2만 원밖에 하지 못했던 기부도 한 번에 1천만 원을 투척했다는 사실이다. 뿐만 아니라 평소 동경하던 유튜브 채널 〈안대장 TV〉에도 출연했다.

이 같은 성과가 가능했던 이유는 분양상담사로 첫발을 내딛으며 시장의 속성을 세심하게 관찰하고 그 흐름에 따라 움직였던 덕분

이수인

이다. 나의 견해가 정답이라고 할 수 없지만 내가 지켜본 바에 의하면,

> 첫째, 분양상담사는 부자와의 만남을 이어주는 곳이다. 내가 돈을 벌고 성공하려면 돈이 흐르는 곳, 즉 부자들을 만나야 하는데 일반적으로 그 기회는 제한적이다. 그런데 분양상담사는 대한민국의 부자들을 수도 없이 만나게 해준다.
>
> 둘째, 다른 직업에 비해 아웃풋이 뛰어나다. 학벌, 경력은 중요하지 않으며 늦게 시작했더라도 나의 노력과 열정에 따라 선배들의 수입을 뛰어넘을 수 있다.
>
> 셋째, 내가 갖고 싶을 만큼 좋은 현장을 선택하면 성과도 따라온다. 매력적인 장소는 그만큼 부동산으로서의 부가가치가 높으며, 고객들에게 도움 되는 정보를 나눌 수 있다.
>
> 넷째, 개인적인 부동산 안목을 넓힐 수 있다. 우리나라 보편적인 재테크인 부동산 정보를 최전방에서 살펴볼 수 있어서다.
>
> 다섯째, 무자본으로 시작할 수 있다. 개인 사업이나 마찬가지인 영업이지만 준비해야 할 초기금액이 없는 반면 수익에는 천장이 없다.

개인적으로 어떤 일이든 선택하기 전에 명분과 실리를 본다. 명분이 좋지만 나에게 금전적인 대가가 돌아오지 않으면 할 수 없다.

또 금전적인 대가는 충분하지만 타인에게 피해를 준다면 억만금을 손에 쥘 수 있다 하더라도 손을 대지 않는다. 이러한 관점에서 분양상담사는 명분과 실리를 충족했다.

만일 현재의 결실이 나에게만 일어난 것이라면 나의 능력이 월등하다고 할 수 있지만 나와 동행하는 팀장님들도 나이 대비 엄청난 수익을 벌어들이고 있고, 영업을 처음 접하는 직원도 3개월 만에 월 1천만 원 이상의 수입을 가져간다면 단기간에 부의 추월차선으로 올려줄 직업으로 이만한 게 있을까 싶다.

독보적인 영업의 기술.

나는 현재 영업이라는 도구를 만나 내 인생 뿐 아니라 나를 믿어주는 지인들의 인생, 부동산 정보를 갈망하는 불특정 다수의 고객에게 행복을 안겨줄 수 있음에 감사하며 분양상담사로서의 책임을 다하고 있다. 그리고 이제 나와 같은 길을 걸어가고자 하는 이들이 내가 맛본 열매의 달콤함을 느꼈으면 한다. 그 바람으로 지금부터 내가 적용한 영업의 기술을 소개하고자 한다.

본론으로 들어가기 전 기본 전제 조건은 선의의 거짓말이다. 가령 7살의 아픈 자녀가 있다고 하자. 약을 건네며 "맛은 쓰지만 건강을 위해 참고 먹어."라고 하면 흔쾌히 먹을 아이가 있을까? 하지만 "이 동그란 건 딸기 맛 사탕인데 지금까지 먹어본 사탕보다 훨씬 맛있을 거야. 아마 깜짝 놀랄 걸?"이라고 회유한다면 어떤 반응이 돌아올까? 쓴맛을 보고 약이라는 것을 알게 되어 당장은 거짓말했다며 울음을 터뜨리더라도 차후에는 부모님이 자신을 위한 행동이었음을 깨닫고 고마워 할 것이다. 다시 말해 상대방이 잘되길 바라는 진심이 있다면 처음부터 실랑이 하며 에너지 낭비할 필요가 없다는 뜻이다. 고객은 7살 아이다. 판매할 물건은 판매자가 가장 잘 안다. 그럼에도 불구하고 판매자가 아무리 설명해도 고객은 마음의 문을 쉽게 열지 않는다. 그러므로 확신이 있고 입증된 내용이라면 선의의 거짓말은 또 하나의 지혜다.

영업의 가장 기본은 팔 물건에 대한 '나'의 자신감이다.

소위 '분양 상담사는 양아치다!' 라는 얘기를 들어본 적 있을 것이다. 나도 그랬으니까. 근데 앞전에도 얘기했듯 내가 사고 싶을 만큼 좋은 현장의 부동산 정보는 반드시 사람들에게 필요하다. 다만, 미분양현장을 수수료를 많이 준다는 이유로 시작을 하면, 하자 브리핑을 해서라도 팔아야 돈이 되기 때문에 피해자들이 생기는 것이다. 하지만, 이는 단기 이익을 보는 사람들의 어리석은 생각이다. 분양상담사는 고객이 잘되고 만족해야만 장기적으로 봤을 때 잘 되는 직업이기 때문이다. 분양상담사로서 나는 현장선택을 가장 중요하게 생각한다. 그래서 현장을 선택할 때 가장 많은 시간을 쏟고 팀장급들 이상이 모여 우리만의 기준으로 신중히 결정하고 들어간다.

고객이 돈이 있어도 선택을 못하는 이유는 본인의 안목을 믿지 못하거나, 용기가 없어서이다.

특히, 분양물건은 건물이 지어지기 전에 파는 것이라 투자자들은 100프로 확신을 갖고 시작할 수 없다. 그래서 더욱이 상담사가 투자자에게 신뢰를 주는 게 중요하다. 신뢰의 8할은 상담사의 자신감이다. 내가 팔 물건에 대해서 기본적으로 확신이 있는 사람은 말투와 행동부터 다르다.

고객이 "이사람 도대체 뭐 때문에 이렇게 당당하고 자신감 있지?"라는 생각을 할 정도가 돼야 한다.

실제로 계약자 분들 중에 아직도 연락하시는 분들이 많이 계신데 "그때 팀장님이 강하게 얘기해주셔서 용기 갖고 투자한 것이 정말 잘한 것 같아요" 라는 얘기를 자주 듣는다. 명심하자. 우선 팔 물건에 대해 깊게 공부한 후 '이건 고객들한테도 도움이 된다!' 라는 확신을 가진 후에는 쓸데없는 걱정 하지 말고 자신감 있게 밀어붙이면 된다.

반드시 구매해야 되는 명분을 만들어줘라.

〈팔지 말고 사게 하라〉는 말이 있다. 아무리 일이 바쁘더라도 본인한테 도움 되는 일이라면 사람들은 시간을 낸다. 결국 소비자에게 이 물건이 정말 필요하게끔 만들어주면 된다. 사람들마다 필요한 니즈 needs를 얼마만큼 끌어내느냐에 따라 계약 성사가 판가름 난다.

'지인영업도 아니고 어떻게 일면인식도 모르던 사람의 니즈를 파악하지?' 라고 생각할 수도 있다. 이때 보편적인 연령대별 니즈를 생각해보면 된다. 우선 20대는 취업, 연애, 결혼이 대부분 공통 관심사이고, 30대는 결혼, 출산, 내 집 마련, 40대는 내 집 마련, 자녀양육,

노후준비 등이 공통 관심사이고 50대, 60대는 은퇴, 건강, 노후준비 등이 공통 관심사이다. 근데 결국 공통적으로 필요한 것들은 돈이다. 돈이 필요한 이유만 연령대별로 다를 뿐이다. 자본주의 사회에서는 어쩔 수 없이 돈이 있어야 인간다운 삶을 살 수 있고, 다양한 행복도 느낄 수 있기 때문에 그걸 토대로 명분을 끌어내면 된다. 따라서 무작정 "돈 버셔야죠."라고 하기보다, 돈이 필요한 이유에 대해 공감대를 형성하며 니즈를 끌어내고, 그것을 명목삼아 희망을 준다면 고객은 내 물건을 살 수밖에 없다.

일단 전화로 고객의 니즈를 파악하는 방법을 소개하겠다.

우선 고객이 어느 지점에서 꽂히는 게 있을지 모르기 때문에 최대한 질문 없이 스크립트를 읽어야 한다. 지인도 아니기 때문에 그냥 끊기도 쉽고, 바쁜 중에 전화를 받는 것임에도 불구하고 도입이 뚫렸다는 것은 그만큼 부동산에 대한 관심이 있는 사람이기 때문이다. 우선 현장의 입지, 규모, 가격, 분양절차 등을 최대한 간략하고 핵심만 얘기함으로써 관심을 우선 끈 후, 방문예약을 잡아내야 된다. 하지만 관심은 있고, 들어보니 나쁘진 않은 것 같은데, 단순히 코로나 때문에 예약 방문제라서, 아니면 부동산은 발품이니까 우선 예약을 잡으라고 말하기에는 너무 명분이 없다고 느껴질 수도 있다. 이럴 때는 질문으로 환기를 시켜주면 된다.

"근데 목소리 들어보니까 굉장히 젊어보이시는데 혹시 30대이신가요? 그러시구나. 요즘 젊은 분들 직장인으로는 답이 없어 월세 받는 건물주 되려고 많이 알아보시잖아요. 혹시 월세 받고 있는 것

있으세요?"

아니면 이렇게 말할 수도 있다.

"지금 전화기 너머로 아기목소리가 들리는데 혹시 아기엄마세요? 요즘 아이 키우는데 돈이 많이 들어서 아이어머니들이 월세 받는 건물주 되려고 많이 알아보시잖아요."

이런 식으로 연령대별로, 상황별로 공감대를 형성하고 고민을 이끌어내면 기본적으로 고객들은 '나만 뒤처지고 있는 것이 아닐까?'라는 생각을 할 수밖에 없다. 그럼 이때, "근데 건물주 되는 것이 생각보다 많은 금액이 들어가진 않아요. 3천만 원은 있으시잖아요." 라고 하며 부동산 투자는 막연히 비싸다는 생각을 바꿔주면 된다.

이렇게 여러 질문들을 하면서 파악한 정보들을 토대로 명분을 만들어서 미팅을 잡으면 된다. 아이를 키우는 엄마들에게는

"제가 웬만하면 전화 끊겠는데, 아이엄마시잖아요? 그럼 무조건 시간 내서 오세요. 지금은 안하시더라도 이런 부동산 컨설팅은 돈 주고라도 듣는데 안목 넓혀놓으시면 도움이 많이 되실 겁니다."

20대의 고객에게는 "요즘엔 초등학생도 꿈이 건물주잖아요, 요즘 젊은 분들이 소액으로 단기투자 가능한 수익형 부동산 쪽으로 관심 있는 건 알고 계시죠. 다른 분들이면 끊겠는데, 저도 20대인데 미래걱정 많이 되시잖아요. 오셔서 제 얼굴도 보시고 정보 알아가세요."

가게를 운영하시는 사장님들에게는 "요새 가게사장님들 코로나 때문에 힘드시잖아요. 특히나 요새는 월세 내는 것보다 이자 내는 것이 저렴하다보니까 몇 달치 월세를 아껴서 아예 상가를 분양받

이수인

으러 많이 오시는데, 진짜 얼른 와보세요. 괜히 가게사장 위에 건물주다라는 말이 있는 게 아닙니다." 이런 식으로 그 사람의 상황과 니즈에 맞는 명분을 잡아야 예약방문을 잡을 확률이 높다.

내가 확신을 줘야, 고객도 확신을 가진다.

고객이 왔을 때도 마찬가지이다. 아무리 좋은 현장이어도 건물이 지어지기 전에 사는 분양권이다 보니 입지, 규모, 가격을 보고도 100프로의 확신을 가지고 살 수는 없다. 그래서 고객이 지금 돈이 필요한 이유에 대해 미리 파악된 정보들을 가지고 명분을 잡아서 "사장님 상황이 이러시니까 이게 도움이 되실 겁니다. 용기를 가지고 선택하세요."라고 얘기해야 계약할 확률이 높다.

뿐만 아니라 고객관리도 너무나 중요하다. 어린아이든 80세 노인이든 관심 받는 걸 싫어하는 사람은 없다. 특히나 지인이 아니면 누구나 낯선 사람에게 거부감이 들고, 명분을 얘기하는 의도를 의심하고 진심을 왜곡해 버릴 수 있기 때문에, 계속해서 관리를 해야 한다. 실제로 10억 이상의 계약 건이나, 다구좌계약건은 관리고객에서 90%이상 나온다. 그만큼 이 사람의 정성에서 명분을 이끌었을 때 진심이 느껴지고 결과가 나오는 것이다.

관리를 하는 방법은 꾸준하게 주 2회~3회 문자, 주1회 정도 전화를 하되, 그냥 형식적인 문자보다, 그 고객의 상황, 니즈에 맞는 문자들을 보내는 게 중요하다.

"오늘 동탄에 비 온다는데 안전운전하시고 오늘 하루도 행복하게 보내세요."

"가게오픈은 잘 하셨나요? 아무리 바쁘셔도 커피한잔 하시면서 즐겁게 하루를 시작하세요." 라고 하며 고객으로 하여금 '나를 기억하고 있네.' 라는 인식을 주면 된다. 연락은 반드시 꾸준해야 한다는 걸 잊지 말자.

조력자가 있으면 영업의 효과는 극대화된다.

영업은 혼자 하는 것보다 조력자가 있으면 효과는 배가 아니라 제곱이 된다. 특히나 처음 분양을 하게 되면 상담을 해주는 차석이나 팀장님이 계신데, 데려오기만 하면 알아서 해주시겠지? 라는 생각은 오산이다. 반드시 티업을 해줘야 된다.

티업이란, 골프에서 공을 치기위해 티 위에 올려놓는 것을 말한다. 티업은 너무 높아도 안 되고 낮아도 안 된다. 공의 반이 나오는 정도가 가장 적당하고, 티업이 잘돼야 공도 잘 날아가고 결과도 좋다. 이는 고객을 상담할 때도 적용된다. 가령, 부동산 상담하러갔는데 상담사가 20대여자, 50대 남자 이렇게 두 명이 있다면 당신은 누구에게 상담을 받고 싶은가?

당연히 연륜 있고 상담 경험도 많아 보이는 50대 남자에게 상담을 받고 싶지 않겠는가? 하지만, 난 29살 팀장의 나이에 1,300억의 매출을 했고, 우리 회사 팀장님들 평균나이가 30살인데 매출을 끊임없이 올릴 수 있는 건 티업을 잘해서라고 자신 있게 말할 수 있다. 가령 단순히 "저분이 상담해 주실 거예요."라고 얘기하는 것과, 20대 여자를 가리키며, "저분이 나이는 어리시지만 부동산 쪽으로 안목이 뛰어나셔서 자산도 어마어마하시고 강남 투자자분들이 따라다니실 정도로 유명하신분이세요. 원래 상담 절대 안 들어가는 분인데, 사장님 오신다고 하셔서 어렵게 부탁드린 거니까 예의 잘 갖춰서 들어 보세요."라고 하고 앉힌다면? 당연히 후자가 그냥 앉히는 것보다 훨씬 잘 들을 것이다. 사람은 누구나 낯선 환경에서 경계를 하고 마음 문을 여는데 시간이 걸리기 때문에 들을 자세를 만들어주기 위해서도 티업을 해야 된다.

또한, 행동으로도 티업을 해야 된다. 물을 드릴 때도 아무리 고객이 팀장님보다 나이가 많더라도, 항상 팀장님한테 먼저 "팀장님 물이나 커피 중에 어떤 거 드시겠어요?"라고 여쭤봐야 된다. 그럼 팀장님이 고객에게 "물이나 커피 중 어떤 거 드릴까요?"라고 여쭤보며 둘 다 존중 받는 구조가 된다. 하지만 직원이 고객에게 먼저 물어보면 고객은 은연중에 '그래, 내가 왕이지.'라는 생각을 하며, 상담해주는 사람을 단순히 영업하는 사람으로 보고 경계하면서 색안경을 끼고 판단하려 한다.

사람의 심리가 그렇다. 내가 상대보다 위라고 생각하면 내가 더 잘 알기 때문에 대충 듣게 되고, 상대가 대단하고 존경할만한 사람이라고 인식되면 하나라도 더 배우려고 바른 자세로 집중해서 듣는다. 그래서 조력자를 반드시 티업하고 물건에 대해 잘 들을 수 있도록 들을 자세를 만들어줘야 된다.

완전한 갑의 화법을 사용하라.

영업에도 종류가 다양하지만 제일 비싼 물건 파는 영업이 아마도 부동산일 것이다. 단순히 1~2만 원의 물건이라고 한다면, 나 좀 도와달라고 얘기하든, 고객에게 사은품을 잔뜩 준다든지 식사를 대접하는 등 단순호의에 의한 보답이 먹힐 수 있다. 하지만, 부동산처럼 억대로 넘어가는 물건은 단순 호의에 의한 보답이나 동정심 유발로는 바보가 아닌 이상 먹히지 않을 것이다. 부동산영업은 서두에서 얘기했듯, 우리가 고객한테 고급 부동산 정보를 줌으로써 고객이 자산증식도 하고 행복한 삶을 살 수 있는 것이기 때문에 완전한 "갑"의 화법을 써야한다.

"시간 한번 내주세요."는 절대 안 된다.

"제 전화 받으신 거 보니까 고객님이 열심히 사신 것에 대한 보상을 받으려고 하시나 봐요. 제가 사장님의 귀인입니다." 라고 말해야 한다.

"사은품 ○○드릴게요. 오세요." 가 아니라

"사은품이요? 제가 이런 좋은 정보를 드리는데 오히려 맛있는 걸 사주셔야죠. 왜 이렇게 자신 있어 하는지 보시면 아실 겁니다." 라고 말해야 한다.

"이번 주 토요일 오실 수 있을까요?"가 아니라

"여긴 시간 내서서 오셔야 되는데 토요일 2시, 일요일 4시 비어있는데 언제가 괜찮으세요?"라며 양자택일을 하게 만들어 우리가 바쁜 사람들이라는 것을 알려줘야 한다.

이수인

"일이 갑자기 생기셔서 못 오신다구요. 알겠습니다. 다음에 시간되시면 들려주세요."가 아니라 "나중에 얼마나 저한테 맛있는 걸 사주시려고 약속 취소하세요. 나중에 후회하지마시고 중요한 약속 아니시면 취소하고 오세요."라고 말해야 한다.

"계약 써주셔서 감사합니다."가 아니라 "앞으로 잘 되실 일만 남았네요. 저랑 좋은 인연 되셨으니까 앞으로도 좋은 정보 많이 드릴게요. 잘 되시면 저한테 꼭 맛있는 거 사 주세요."라고 말해야 한다.

신뢰를 높여서 갑이 될 수 있는 대화의 기술.

첫 번째는 전문가의 말을 인용하기이다.

"상가 전문가들이 얘기하시는 게, 주변 배후수요 4000세대만 있어도 주변상가는 먹고산다고 얘기하시는데, 저희는 주변 배후수요가 1만 세대입니다."

상가 전문가를 언급해 말의 신뢰도를 높이는 경우다.

두 번째는 내가 얘기하는 것처럼 하지 말고 다른 사람이 얘기한 것처럼 말하는 것이다.

"저희는 공실이 없습니다."가 아니라 "계약자 분들 중에 공실을 말씀하시는 분들은 거의 없습니다."라고 말하는 것이다.

세 번째는 먼저 부정을 얘기하고 그 다음에 긍정을 이야기 하는 것이다.

"신도시 투자를 하셔야 됩니다."가 아니라 "신도시투자가 다 성공하는 건 아닙니다. 동탄도 아무리 투기과열지구여도 공실 많은 거 아시죠. 공실 나는 곳과 안 나는 곳의 차이가 있습니다."라고 말해야 한다.

네 번째는 '당신 빼곤 다 한다'는 느낌을 주는 것이다.

"동탄 분이세요? 요즘 동탄에서 많이 오시네요."

"아기어머니세요? 요즘 아기어머니들 많이 오시네요."

"가게운영하세요? 요즘 가게 사장님들 진짜 많이 오시네요."라며 고객을 안달 나게 하는 것이다. 이 방법만 적용하더라도 훨씬 더 고객의 신뢰를 얻고, 계약률을 높일 수 있다.

`연봉 10억을 달성하기 위해 반드시 기억해야 할 4가지 마인드셋.

첫 번째, 잘될 때 자만하지 말고 안 될 때 기죽지 마라.

2020년 3월 3일, 처음 영업을 시작한 후 난 인생에서 가장 쓴 좌절을 맛봤다. 29살의 나이에 빚까지 있었지만 포부 있게 입사를 했고, 3개월 동안 단 하루도 쉬지 않고 열정적으로 일했다. 하지만, 처음 해보는 TM(텔레마케팅)업무에 적잖이 당황을 했다. 특히나 전화로 욕을 들을 때마다 '아무리 내가 그래도 이런 대우 받을 사람은 아닌데!', '부모님이 나 이런 욕 들으면서 일 하는 거 알면 속상해하시겠다.' 생각을 하며 눈물도 많이 흘리고 직업에 대해 고민도 많이 하게 됐다. 게다가 나는 통장에 돈을 넣으면 바로 빠져나갈 정도로 재정상태가 힘들었고, 내가 계약을 쓰지 않으면 돈을 한 푼도 못 버는 것이었기 때문에 아무리 팀장님이나 주변 동료 분들이 도와준다고 해도 항상 조급함과 불안감이 있었다. 그때, 나와 같이 힘든 환경에서 시련과 고난을 극복하고 자수성가한 사람들의 영상들, 책을 봤다. 흙수저에 빚 10억, 40대의 평범한 여성이 '엄마'를 위해 살고자 다짐 후 5년 만에 인생이 송두리째 바뀐〈켈리최회장님〉, 신용불량자에서 연봉 10억을 달성한〈안대장님〉등, 이런 분들을 보며 느낀건 '나만 인생이 힘든 게 아니구나. 나도 중고등학교 때 집 없는 서러움도 있어봤고, 한 번도 부모님께 10원 한 푼 지원받아보지 못했지만, 그럼에도 불구하고 항상 응원해주고 기도해주는 엄마를 위해서 내가 꼭 잘 돼야겠다', '저분들도 인맥, 학벌, 로또 등 행운 없이 이뤄냈는데 나도 못할 건 뭐야, 어떤 분야든 성공하는 사람은 분명히 있어. 현재 이 사무실에도 월 천 받는 사람이 있잖아. 그럼 나는 월 천까지는 아니더라도 70프로는 해낼 수 있어.' 하루하루가 힘들고 지옥 같았지만 기죽지 않고 긍정적인 생각으로 최선을 다했다.

> '그래, 난 무조건 이씨 가문의 영광이 된다, 돈 버는 건 평범한 일이야. 나라고 못할 건 뭐야. 욕먹으면 장수한다는데, 나는 돈도 벌고 장수도 하고 일석이조네'

모든 성공한 사람은 긍정적이다. 인생에서 내 뜻대로 되는 건 하나도 없지만, 유일하게 내 의지대로 할 수 있는 것이 바로〈마음먹기〉이다. 같은 상황이라도 어떻게 생각하느냐에 따라 결과가 완전히 달라진다. 작은 것에 일희일비 하지 않고, 내 멘탈을 얼마나 잘 관리하고 롱런$^{long\ run}$할 수 있는지가 중요하다.

내가 존경하는 대표님 중에 자청이라는 분이 있다. 그 분이 이런 말을 했다.

> "인생에서 돈을 벌고 성공하는 것은 게임과 같다. 처음엔 작은 몬스터들을 잡다, 레벨이 좀 오르면 작은 몬스터들은 너무 쉽고 무감각해진다. 하지만 내 레벨보다 큰 몬스터들이 나타나면 그때마다 위기가 오고 죽기도 하게 된다. 그러나 그렇게 계속 싸우다보면 레벨 업이 되어있다. 사업도 마찬가지다. 사업을 하면서 새로운 위기들이 계속 나타난다. 그때마다 나는 나의 경험치를 올려줄 굉장히 멋진 몬스터가 나타났구나, 이거 극복하면 레벨업하겠다라고 생각하며 즐겁게 이겨낸다."

인생사 새옹지마라는 말이 있다. 힘든 일도 많지만 힘든 일을 견뎌내면 기쁜 일이 반드시 온다. 명심하자. 힘들 때일수록 없는 것에 집중하지 말고 있는 것에 집중하는 '긍정적인 마인드'를 가져야 한다.

두 번째, 염치없이 사업해라.

창조는 어렵지만 모방은 쉽다. 영업은 아무래도 개인 사업이기 때문에 제대로 된 시스템이 있지 않으면 모든 것을 혼자 습득하고 해결해야 되는 부분이 있다. 하지만 그 안에서도 분명 잘하는 사람은 존재한다. 그때 설령 그 사람이 나보다 나이가 어릴지라도, 경력이 짧을지라도 가서 어떻게 하는지 물어보고, 거기에 대한 감사표시도 반드시 하면서 내 것으로 습득하고 성장해야 된다. 자존심이 뭐가 중요한가. 안되더라도 간곡히 간절하게 부탁해서 잘되면 되지 않는가? 내가 가장 싫어하는 말 2개가 있다

"팀장님 바빠 보이셔서 못 물어 봤어요."

"팀장님 힘드실까봐 내일 연락드리려고 했어요."

이 말은 돈을 벌지 말란 뜻 아닌가? 자선 사업하는 것도 아니고 직원이 잘 돼야 나도 잘되는 건데 이런 얘기를 하는 것 자체가 열정도 간절함도 없이 느껴진다.

모든 건 타이밍이 있다. 특히 고객에게 즉각적으로 정확히 피드백을 해야 신뢰가 쌓이기 때문에 바로바로 물어보고 문제를 해결해야 된다.

세 번째, 돈 벌고 싶으면 그만큼 일을 해라.

내가 영업하면서 모토로 삼았고, 현재도 우리 회사 곳곳에 붙어있는 문구다. 아무리 영업이 다른 일에 비해 많이 벌 수 있다 해도, 결과는 아무에게나 나오지 않는다. 더욱이, 남의 돈을 버는 건 정말 쉬운 일이 아니다.

누구나 인생 2회 차를 꿈꾼다. 한번뿐인 인생 멋지게 살고 싶고, 사랑하는 내 사람들이랑 하고 싶은 거, 먹고 싶은 거 다하면서 행복하게 살고 싶다. 하지만 그걸 바라기만하는 사람과 이뤄내는 사람

은 분명한 차이가 있다. 적당히 하는 건 누구나 한다. 기존 삶을 바꾸고 싶은 마음으로 왔으면 기존의 습관을 버리고 숨이 턱턱 막힐 정도로 몸 사리지 말고 후회 없이 최선을 다해야 된다. 수험생도 슬럼프에 빠졌을 때, 일반 수험생은 울기만 하고 합격생은 울면서 공부한다고 하지 않는가.

쉴 거 다 쉬고, 만날 사람 다 만나고, 가족행사 다 가면서 일하면 절대 큰 성공을 할 수 없다. 나는 지금 본부장직급에 수익도 안정적으로 들어오지만 목표가 있기 때문에 하루도 쉬지 않는다. 성공하기 전까진 슬럼프도 사치다.

네 번째, 초심을 잃지 마라.

영업은 간절함을 올리고 조급함을 낮춰야 한다. 하지만 갈수록 처음 영업 할 때의 간절함은 줄어들고 조급함만 올라간다. 사업할 때 1년 동안 수입이 0원이었던 적이 있다. 정말 힘든시기였다. 그런데 그때 1년이란 시간을 버티지 못했다면 분양으로도 성공하지 못했을 것이다. 그때 바닥을 쳐 본 경험과, 버텨본 경험이 있었기 때문에 영업에서 힘들 때도 버틸 수 있었다. 정말 잘되고 싶다면 잘돼야 되는 이유를 적고 처음의 초심을 잃지 말고 조급해하지 말고 올인해야 된다. 이때 조급해하지 않는 좋은 방법이 있다. 바로 목표를 작게 설정하는 것이다.

예를 들어, 파워블로거가 되겠어! 라고하면 목표가 너무 멀고 커서 쉽게 포기할 수밖에 없다. 그러나 '내가 한 줄을 쓸 거야!' 라고 목표를 작게 설정하면 목표를 쉽게 달성할 수 있다. 그리고 성공하게 되면 뿌듯하고 성취감이 들면서 성공에 익숙해지게 되고, 익숙한 성공에 취하면 '할 수 있다!' 라는 자신감이 생기면서 조급함을 줄일 수 있다. 나도 처음에 영업을 시작할 때, "난 무조건 빚을 청산하고, 1년 안에 연봉 10억을 만들어 볼 거야!"라고 목표를 했지만, 목표가 너무 크다 보니 계약이 안 나왔을 때, 조급해지고 힘들어졌다. 그래서 생각을 바꾼 것이 **"하루 250콜 치고 예약 방문 2개 잡으면 잘 한 거야! 더 이상 생각하지 말자!"**라고 작은 하루 목표를 잡고 달성한 후 스스로 약속을 지키면 보상도 줬다. 그러다보니 지치지 않고 롱런을 했으며 자연스럽게 수익과 직급이 따라왔다.

내가 초심을 잃지 않으려고 수첩에 적어놓은 문구들이 있다.

1. 난 비록 지금은 아무것도 없지만 연봉 10억 무조건 돌파한다. 그러려면 365일 나눠 계산해보면 하루 280만 원어치 일해야 된다.
2. 어떤 일을 하던 3년은 일해야 해봤다고 얘기할 수 있다. 비록 여기서 돈 못 벌더라도 난 이 일을 끝까지 해보겠다.
3. 10년 일할 거 3년 동안 일해서 경제적 자유를 누릴 수 있다고 한다면 난 밥도 안 먹고 잠도 안 잘 자신 있다. 3년 동안 후회 없는 하루하루를 보내자.

또 다른 목표를 향해 미친 듯이 나아간다.

끝으로, 나는 이제 돈 때문에 일을 하지 않는다. 정확히 얘기하면 돈의 목표는 달성했고, 또 다른 목표가 생겼다.

내가 본받고 싶은 멘토님들의 공통점은, 〈내 사람〉 혹은 불특정 다수의 많은 사람들에게 돈을 벌 수 있는 "도구"를 주고 자신의 노하우를 아낌없이 퍼주는 선한 영향력을 끼치고 있다는 점이다. 〈켈리 최〉님이 얘기하시길, "진정한 부자는 남을 돕기로 결심하고 사회적 공헌을 실천하면서 인격적으로 완성된 사람"이라는 말을 했다. 그걸 실천하고 계신 다방면의 자수성가하신 분들을 보며 본받고, 나도 그런 멋진 사람이 되고자 매일 다짐을 한다.

신용불량자에서 연봉 10억 포르쉐 차주가 되기까지 하루하루는 지옥 같았지만, 뒤돌아보면 그리 길지도 않은 시간이었다. 인생에서 이렇게 몰두할 수 있는 일을 찾은 것 자체가 감사한 일이다. 짧은 시간 안에 인생의 희노애락을 다 느낄 정도로 하루하루 치열하게 살아왔다. 아직도 내 뜻대로 되는 것이 아무것도 없고, 순간순간 위기는 계속되지만, 그때마다도 난 할 수 있다, 이겨내 보자라고 되뇌며 후회 없이 하루하루를 보낸다. 단언컨대, 영업이란 현존 최고의 비즈니스모델이다.

이수인

김명인

08

한국세일즈성공학협회의 수석코치이자
중소기업 경영컨설팅 회사 대표

'성공하기 위해서는 과감하게
모든 걸 바꿔라.'

중소기업 경영컨설팅 회사 제이케이엠에스를 운영하는 대표. 한국세일즈성공학협회의 수석코치로 영업자들의 성공적인 영업을 위해 교육을 하는 강사이다. 어느 때보다 빠른 변화의 시기를 지나고 있는 현 사회에서 기획과 전략을 통해 성장할 수 있도록 기업에는 전략적 경영 파트너, 영업인들에게는 영업 멘토 역할을 하고 있다.

E-MAIL : jk.company6024@gmal.com

22살에 월급 대신 빚을 안고 사회생활을 시작했다.

2013년 11월 강원도 인제, 아침을 알리는 기상송 박효신의 〈나를 넘는다〉를 들으며 눈을 떴다. 나는 3평 남짓한 숙소에서 전투복을 입고 베레모를 쓰며 군번줄을 목에 걸고 출근하는 군기가 바짝 든 신입 소위였다. 직업군인이 안정된 삶과 미래를 안겨 줄 것이라는 생각을 하고 직업군인을 선택한 것은 아니었다. 그저 어차피 해야 하는 군 생활 계급장 달고 멋지게 하고 싶었을 뿐이다.

그로부터 3개월이 지나 군 생활에 적응을 하기 시작하면서 보이지 않던 것들이 보이기 시작했다. 가장 먼저 본 건 내가 가지고 있는 '마이너스 통장'. 직업 군인이 되기 전 책임보험만 가입된 어머니 차를 가지고 후배와 후배 친구를 태우고 터미널로 가던 중 신호 위반 사고가 일어났다. 22살에 가해자가 된 나는 벌금, 치료비, 합의금 등, 월급 대신 빚을 안고 사회생활을 시작해야 했다.

1997년 8살이 되던 해 부모님은 이혼을 하셨고, 어린 두 아이를 키우기 위해 하루 투잡, 쓰리잡을 뛰며 생계를 책임지던 내 어머니는 당시 155cm의 작은 키에 이제 막 서른이 된 사회 초년생이었다. 하루 벌어 하루 겨우 먹고 살았던 시절이었고, 그런 우리 집에 모아둔 돈이 당연히 있을 리가 없었다.

사고 직후 돈을 빌리기 위해 주변 사람들에게 도움을 요청했고, 어떻게든 내 잘못이 아니라는 걸 증명하기 위해 눈이 펑펑 오는 날 새벽까지 신호등을 촬영했지만 결국 상황을 바꿀 수는 없었다. 그 한 번의 잘못된 선택이 2년이라는 시간 동안 변함없이 나를 따라

김동인

다녔다. 그래서였을까? 마이너스 통장을 보며, 쥐꼬리만한 월급으로 어찌할 수 없는 현실에 답답해하고 있던 시절 같은 부대의 장교 선배의 소개를 통해 영업을 하고 있다는 선배를 만나게 되었다.

그리고 그날 그분의 얘기를 들으며, 지금 내가 가지고 있는 미래에 대한 걱정이 당시 영업을 선택한 그분의 상황과 흡사하다 느꼈다. 내가 영업을 시작해야겠다고 결심한 이유는 누가 뭐라고 해도 돈이었다.

최대한 돈을 많이 벌어야 했기에 영업을 시작했다.

"지금 걱정하고 있는 모든 일들은 돈을 버는 순간 90% 이상 해결되지 않을까?" 그냥 벌어서는 안됐다. 많이 벌어야 했다. 먹고 싶은 게 있으면 통장 잔고가 아니라 메뉴판이 떠올랐으면 했고, 얼마나 더 갚아야 하지가 아니라 얼마나 더 벌까를 고민하고 싶었다. 평소 가지고 있던 욕망이 짧은 시간의 대화로 불타오르기 시작했고 3년 4개월의 군 생활 중 2년 9개월이 남았던 2014년 2월 나는 그 자리에서 대답했다.

"저 영업하겠습니다."

8년 후, 나는 지금도 영업을 하고 있고, 영업에서 꽤나 좋은 성과를 냈다. 영업은 절대 쉽지 않다. 연간 목표, 월간, 주간, 일 단위 목표까지 계획하고 실천하며 부족한 부분은 보완하고 수정하고 머리가 아닌 몸으로 움직여야 하는 일이 영업이다. 흔히들 뭐든 열심히 해야 한다고 하지만 열심히는 기본이다. 미쳐야 한다. 이 글을 읽는 당신은 미칠 준비가 됐는가? 그렇다면 지금부터 내가 100% 성공하는 방법을 알려주겠다.

성공하기 위해선 환경을 바꿔야 한다.

사람은 자라온 환경과 주변 사람들에게 많은 영향을 받는다. 나 또한 마찬가지였다. 2002년 전 국민이 한마음 한뜻이 되어 "대한민국"을 외치고 "꿈★은 이루어진다."라고 믿으며 월드컵 4강 신화를 이루어낸 그때, 그 뜨거운 열기에 너도 나도 축구선수가 되고 싶다는 희망을 가졌을 것이다. 그 희망을 실천하고자, 나는 학교까지 전학하며 축구선수의 길에 뛰어 들었다. 당시 또래 친구들 중 축구선수가 되고 싶다고 생각한 사람은 얼마나 많을까? 이처럼 사람은 환경적인 영향을 많이 받는다.

성인이 되고 첫 직장인 군 생활을 하면서도 이런 경우가 있었다. 매일 아침 6시면 들려오는 기상송과 정해진 출근 시간, 회의시간, 점심시간, 업무시간, 퇴근시간 모든 것이 정해진 계획 속에서 진행됐다. 특히나 업무의 경우 특별한 이슈가 없다면 올해 했던 일들이 내년에 비슷한 일정으로 계속 반복된다. 시간은 흘러 진급을 하고 월급은 올라가지만 내 삶에 변화는 없었고 퇴근 후 숙소에 치킨과 소주를 시켜 한잔하며 동료들과 가장 많이 했던 말을 떠올려 본다.

"내 월급은 그대로 인데 물가는 계속 올라?"

"이 넓은 땅에 어떻게 내 집 하나 없냐."

"아까 지나가던 외제차 타는 젊은 놈은 집에 돈 많겠지?"

김동인

지금 생각해 보면 정말 한심하기 짝이 없다. 이때의 나는, 억대 연봉은 나와 거리가 멀다고 생각했다. 나는 군인이니까. 그런데 잘 생각해보면 아무도 나에게 '너는 그런 삶을 살아야 해.' 라고 얘기 하지 않았다. 그저 그런 환경에서 살아가는 나 스스로가 '너는 평생 남들을 부러워하며 살아야 한다고, 너는 억대연봉자가 될 수 없다.'고 단정 지었을 뿐이다.

제대를 하고 막상 영업을 시작하려 하니 여러 가지 두려움이 밀려 왔다. 나는 두려움을 이겨내야 했다. 책상에 앉아 영업을 해야 되는 이유를 적어 나가기 시작했다. 그리고 확실한 이유를 발견했다. '나는 돈을 정말 많이 벌어야 했다.' 냉난방도 안 되는 다 쓰러져 가는 빌라, 겨울에 물을 끓여 머리를 감고, 여름에 벌레들이 기어 다니는 걸 지켜봐야 하는 삶으로 돌아가기 싫었다. 지금까지 살아온 삶의 환경을 바꿔야 했으며, 만나는 사람들을 바꿔야 했다. 하지만, 무엇보다 내가 먼저 바뀌어야 했다.

끊임없이 배워야 한다.

2016년 7월, 전역을 결심하고 보험회사에 입사한 나는 신입FC로서의 자세를 갖추기 위해 교육을 받았다. 서울대 입구 언덕 끝에 월세 방을 잡고, 퇴직금으로 받은 500만원은 월세 방의 보증금으로 썼다. 그간 모아둔 월급으로는 정장과 구두, 가방, 노트북을 샀다. 매일 아침 7시 에 출근하고 저녁 12시에 퇴근하면서 자격증 취득과 영업을 위한 화법 연습에 몰두 했다. 내가 처음 입사한 곳은 지점의 90%가 나와 같은 군 간부 출신들로 이루어진 곳이었고 매주 신규 계약 3건을 한주도 쉬지 않고 계속하던 분위기의 젊은 조직이었다. 이곳은 온통 나와 같은 생각을 하는 사람들로 가득했다. 변화를 두려워하지 않는 사람, 용기 있게 도전해서 반드시 성공하겠다는 의지를 가진 사람. 이들 한명 한명의 눈빛은 마치 건들면 베일 듯한 날카로움과 독기를 품고 있었고, 당장이라도 뛰쳐나갈 수 있는 준비가 되어 있는 전사들과 같았다. 매일 아침 이들의 눈빛과 분위기에 취해 나도 뭐든 할 수 있을 거라 생각했다.

'매주 3건의 신규계약을 반드시 해야 된다. 월 1,000만 원은 꿈이 아니다.'

그렇게 전쟁 같은 1달이 지나고 지점 업적게시판은 온통 자석으로 도배가 되었다. 어떻게 지나갔는지 모를 한 달이 지나 받은 첫 달 급여는 690만 원이었다. 세상이 내 것 같았다.

하지만, 9개월째 되던 날 250만 원의 급여를 받았다. 평소와 다른 건 없었다. 차를 끌고 전국을 돌아다녔고 하루 3명을 만나며, 하루 20통씩 전화를 돌리고 만나고를 반복했지만 결과가 그랬다. '어떻게 해야 되지? 뭐가 잘못된 걸까?' 혼자 고민 해봤지만 생각만 해서는 답이 나오지 않았다. 눈을 돌려 상황을 돌아보니 나만의 문제는 아닌 듯 했다. 같이 입사한 동기 21명 중 이미 절반은 그만둔 상태였고 남아 있는 절반 중에서도 업적이 좋은 친구들은 한둘에 불과했다. 뭔가 잘 못 되고 있음을 느꼈지만 이런 상황이 익숙한 선배들은 하나 같이 "열심히 안하니까 그런 거야, 더 열심히 해봐"라고 말했다.

'아니, 여기서 뭘 더 열심히 하란 말이지?' 전국팔도를 돌면서 하루 4시간도 못 자는 나에게 더 열심히 하라니. 억울하고 화가 났다. 나는 분명 누구와 비교해도 열심히 하고 있었다.

그러나 그게 착각이었다. 나는, 내 방식대로만 열심히 하면 정상에 오를 줄 알았고, 남들의 노하우를 배우지 않았다. 그렇게 내가 부족하다는 걸 인정하는데 많은 시간을 보냈다. 인정하고 나니 주변이 보이기 시작했다.내 주변에는 상상도 할 수 없을 만큼의 업적과 연봉을 받는 사람들이 무수히 많았다. 그들이 진행하는 컨셉, 세일즈, 마인드 교육 등을 받으며 시야를 넓혀 가야 했고 만날 수 없는 사람들은 책을 사서 읽기 시작했다. 그리고 놀랍게 결과가 바뀌기 시작했다. 지금 이 책을 읽고 있는 사람들에게 당부하고 싶은 말이 있다면 바로 '거인의 어깨에 올라타라.'라는 것이다. 잘 하는 사람에게 배우고, 그들의 노하우를 내 삶에 적용해라. 그럼 반드시 정상에 오르는 방법을 찾을 수 있을 것이다.

고객에게 먼저 질문하고, 대화를 주도하라.

사람을 행동하도록 만드는 효과적인 방법은 영업뿐만 아니라 모든 생활에서 매우 중요하다.

2021년 4월, 평소 자주 전화하던 동료의 소개로 성남에 있는 도소매 회사 대표님을 만나러 간적이 있다. 편의상 A 회사라고 하겠다. A회사의 매출은 100억 규모였다. 초보 시절 회사를 방문하면 나

는 항상 이런 질문을 받았다

"그래요. 어떤 것을 해주실 수 있는지 얘기해보세요."

"저는 이러한 일들을 대표님 회사를 위해 해드릴 수 있습니다."

하지만 이런 나의 수동적인 태도는 매번 거절을 불러왔다. 영업을 하다보면, 고객들은 우리에게 먼저 질문을 던진다. 인식하지 않으면 모를 수 있지만, 상대방과의 대화는 질문과 답변으로 이루어져 있다. 그리고 대화의 주체는 질문하는 사람이다. 병원을 떠올려 보면 쉽게 이해할 수 있다. 병원을 가면 의사가 가장 먼저 하는 말은 '어디가 아파서 오셨나요?'다.

그러면 우리는 "며칠 전부터 배가 계속 아파서 왔습니다."라고 대답한다.

이때부터 의사의 질문에 따라 우리의 행동이 결정된다.

왜 이런 현상이 일어날까? 우리가 의사를 전문가로 인식하기 때문이다. 의사는 모든 것을 알고 있다고 생각하니, 물어보는 대답에 의심 없이 답변을 한다.

그래서 나도 고객을 마주하면 반드시 질문을 먼저 한다. 대화의 주도권을 잡기 위한 보이지 않는 장치다. "안녕하세요. 회사에 어떤 문제를 해결해 드리면 될까요?"

나의 질문이 시작되면 고객의 답변이 시작된다.

"김대표님, 김대표님 앞에 5명의 사람들이 다녀갔습니다. 자신 있으십니까?"

"5명이나 다녀가셨군요. 그분들과 어디까지 알아보셨습니까?

"필요한 걸 얘기 하고 서류를 전달했더니, 매출이 더 올라야 된

김동인

다고 얘기했습니다."

"그 외에 다른 사항은 없으셨나요?"

"다른 이유는 잘은 모르겠지만 정확하게 말해주지 않더군요."

"대표님 그런데 왜 그분들과 더 고민하고 해결해보려 하지 않으셨습니까?"

"글쎄요, 마음은 급한데 명확한 답이 없다보니 김대표까지 만나게 된 것 같군요."

"제가 대표님의 고민과 문제를 해결해 드리면 저와 일해보시겠습니까?"

"그럼요, 나의 고민과 문제를 해결해 준다면 김대표와 일하고 싶습니다."

"알겠습니다. 그럼 제안서를 보시고 싸인 해주시겠습니까?"

<u>스스로를 최고의 전문가라고 믿고, 적절한 질문을 통해 고객이 원하는 니즈를 찾아보자.</u> 간단하다. 문제를 찾고, 그것을 인지시킨 뒤, 해결책을 제시하면 된다. 명심하자. 질문을 통해 대화의 주도권을 잡고, 올바른 흐름으로 대화를 진행해나가라. 그럼 훨씬 더 좋은 결과를 얻을 수 있을 것이다.

전략을 통해 성공의 경험을 쌓아라.

영업을 잘 하는 방법은 무수히 많지만, 그 중에서도 나는 전략이 가장 중요하다고 생각한다. 대부분의 사람들은 새해가 되면 신년 계획을 수립한다. 남자들의 경우에는 금연, 금주가 대부분이고 여자들의 경우는 다이어트를 성공하겠다는 다짐을 하곤 한다. 다만 대부분 계획만 해놓고 실천하지 못하는 경우가 많다. 실천으로 옮기지 못하는 이유는 바로 시간에 있다. 1년 이라는 시간이 지금 당장 실천해야 한다는 생각보다 '천천히 준비해서 하면 되겠지.'라는 느낌을 주는 것이다. 주위를 둘러보자. 신년 계획을 멋지게 성공한 사람이 얼마나 되는가? 거의 없다. 그러나 그것을 이뤄내는 소수의 사람들은 목표를 단계별로 구분해, 집중하고 몰입한다. 그리고 그것을 이뤄낸다. 나 또한 느릿느릿한 장기적인 계획보다 빠르게 결과를 달성하고 작은 성공 경험을 쌓아가는 방식을 선호한다. 새로운 법인영업을 배우기 시작하면서 어떻게 하면 빠르게 성장할 수 있을까에 대한 고민을 수없이 했고, 당장 1년 뒤에 어떤 모습이면 좋겠는지에 대한 스스로의 질문에 뜬 구름 잡는 감성적인 답변보다, '컨설팅의 가능 유무를 정확하게 인지해 불필요한 시간을 낭비하지 않고 효과적으로 영업을 할 수 있는 판단력이 있는 모습이 되겠다.'라는 명확한 목표를 세웠다. 그러기 위해 3개월 단위로 단계별 목표를 수립하고 달성 방안에 대한 계획을 세워나갔다.

단계별 목표 수립 달성 방법 3가지.

첫 번째는 양 속에서 질을 찾는 것이다. 나는, 다양한 업종의 기업들을 만나면서 업종의 특성과 기준을 파악해야 했다. 1인 기업, 5인 미만, 5인 이상, 10인 이상, 제조업, 도소매업, 서비스업, 외식업 등 업종과 매출, 인원에 관계없이 최대한 많은 미팅을 통해 경험을 쌓고, 수정

김동인

과 보완을 거듭하며 기준을 만들어야 했다. 그래야 경험에 의한 확실한 기준이 잡혔을 때 불필요한 정보를 거를 수 있고, 검증되지 않은 정보에 휘둘리지 않을 수 있다는 걸 알고 있었기 때문이었다. 그렇게 만날 수 있는 기업을 찾기 위해, 이메일 마케팅과 현수막, sns 광고, 블로그 등 모든 수단을 활용했다. 그리고 나는 그 한 달 간의 실천으로 월 40건의 미팅을 진행 할 수 있었고, 그렇게 3개월이 지난 시점에 처음 계획했던 컨설팅 가능 여부를 판단 할 수 있는 나만의 기준을 갖게 됐다. 그렇게 한 달 40건의 미팅을 3개월간 하면서 나는 내가 목표한 컨설팅이 가능한 기업의 기준을 세울 수 있었다.

두 번째는 기준이 생겼다면 응용해야 한다는 것이다. 지역, 매출, 업종, 종업원 수가 같은 기업이라도 대표의 경력, 경험, 성향에 따라 너무나 다른 색을 갖고 있다. 영업이란 본질적으로 사람과 사람이 만나서 하는 일이고, 이런 다양성을 극복하려면 사람을 대하는 법을 알아야 한다. 단순히 마주보고 앉아 내가 할 수 있는 일에 대한 브리핑을 하면서 쓸데없이 설명만 늘어놓는 그런 방법이 아니라, 대화를 통해 상대방이 가지고 있는 고민을 찾아내는 것. 문제를 확인시키고 심화시켜 최종적으로 지금 해결해야 한다는 인식을 갖게 만드는 게 중요했다. 생각보다 두 번째 목표를 달성하는 건 크게 어렵지 않다.

앞서 언급했듯, 올바른 답변을 얻으려면 올바른 질문을 해야 된다. 대체적으로 내가 만나는 기업의 대표님들이 고민하는 것은 크게 다르지 않았다. 그 고민을 듣고 A라는 문제가 지금 당신에게 일어난 것이 맞는지, A를 해결하지 못하면 어떤 상황이 발생하는지, 해결을 위해서 어떤 준비를 해야 되며, 어떤 해결방안이 필요한지 물어본다. 이쯤 되면 알아차렸을 것이다. 그들은 본인들이 하고 있는 고민과 문제, 리스크, 해결방안 등 모든 걸 알고 있었다. 다만 정리되지 않았고 구체적인 방법을 몰랐으며, 그것을 적극적으로 해결하고자 시도하지 않았고, 누군가 나 대신 해결해 줬으면 하는 바람도 가지고 있었다. 여기까지 경험을 쌓고 정리가 되자 내 머릿속에는 전략이 90% 이상 완성되어 가고 있었다.

세 번째는 자신 있게 클로징을 하는 것이다.

"내가 당신에게 도움을 주겠다. 나와 같이 일해보자." 그리고 맡은 바 업무를 진행하며 수정, 보완, 수정 그리고 다시 보완을 반복하면 된다. 이렇게 3개월이라는 시간동안 명확하게 기준을 잡고 영업의 전략을 그려나가며 집중과 몰입을 유지해 나가야 한다. 1년이라는 시간이 어디 짧은 시간인가? 1년이라는 시간 동안 하나의 목표를 가지고 집중하고 몰입할 수 있는 사람들은 그리 많지 않다. 1년 동안 하나의 일에 몰입하고 집중할 수 없다면 3개월의 기간 동안 집중하고 몰입함으로써 작은 성공들을 쌓아나가라. 그러면 목표를 100% 달성 하지 못해도 목표치에 근접할 것이고, 당신은 그 전보다 훨씬 더 성장할 것이다 이런 태도들이 쌓이고 쌓여 영업자의 분위기를 만들고 그 분위기가 당신의 전략의 마침표가 되어 줄 것이다.

김동인

성과가 안 나오는 이유는 '이것' 때문이다.

영업을 하며, 성과가 안 나오는 이유는 무엇일까? 당연히 일을 안 하기 때문이고, 일을 잘 하기 위한 노력이 없기 때문이다. 본인이 이루어야 할 목표가 불명확하니, 어떤 식의 노력을 해야 할지도 모른다. 그러면서 슬럼프, 번아웃 등의 표현을 빌려 자신의 게으름과 저조한 성과를 포장한다. 이들의 공통적인 특징은 "열심히 했다. 최선을 다했어."라며 스스로를 칭찬하지만, 그 열심의 기준이 명확히 낮다. 명심하자. 열심의 기준은 본인 스스로가 정하는 것이 아니다. 남들이 봤을 때 "너 진짜 미쳤구나? 그렇게 까지 해야 해?"라는 소리가 나와야 한다.

이 글을 읽고 있는 당신은 어떤가? 슬럼프, 번아웃 등과 같은 그럴듯한 말을 빌려 힘들다는 감정을 호소하고 있지 않은가?

부정은 전염된다.

예전에 같이 영업을 했던 친구가 있다. 매일 지각을 했고, 팀에서 업적이 가장 낮았다. "열심히 하는데 왜 안 되는 거지? 야! 너도 내가 열심히 하는 거 봤잖아 그렇지?", "아 출근하기 싫다, 이번 주는 어디를 가서 누구를 만나야 되나? 아 모르겠다, 야 담배나 하나 피러 가자! 저녁에 맥주 한잔 할까?" 같은 말들을 습관처럼 하고 다니던 친구였다. 그런데 신기하게도 이 친구 옆에는 항상 사람들이 모여 있었다. 가만 보니 영업을 하면서 지치고 힘든 친구들이 하나 둘 그 친구 곁으로 모이기 시작했고, 한번 어울리고 나면 블랙홀처럼 빠져들었다.

참 안타까운 현실이었다. 그들은 본인 스스로가 열심히 한다고 생각했고, 그들끼리 서로를 위로했다. "괜찮아", "잘했어", "다음부터 잘 하면 되는 거지", "오늘만 날이냐" 기가 막히는 노릇이었다. 이들 무리는 그렇게 몇 개월 동안 어울려 다니다 어느 순간 깔끔하게 사라졌다. 누구 하나 예외 없이 말이다.

명확한 기준을 만들어라.

직장생활, 영업, 사업 등 여러 분야를 보면 각 분야의 뛰어난 성과를 내고 있으며 인정받는 사람들은 저마다 본인의 목표가 있고, 경험에 의한 확실한 기준이 있다. 본인이 하는 일에 있어서 이보다 단단한 중심은 없다. 나도 법인 영업을 시작하면서 처음 3개월 동안 매달 40건의 미팅을 하면서 컨설팅의 가능여부, 기업들의 고민, 니즈를 분석하며 나만의 기준을 세웠다. 그리고 이 기준은 지금도 필드에서 유용하게 쓰이고 있으며 언행에 힘을 실을 수 있는 가장 큰 무기가 되어주기도 하며, 업무를 효율적으로 할 수 있는 시스템이 되어주기도 한다. 이런 기준은 오로지 자신의 경험을 통해 만들어 지는 것이다.

당신은 당신만의 경험으로 얻어내고 만들어낸 기준이 있는가? 그 기준이 있다면 당신의 말과 행동에는 분명히 확신이 실릴 것이고, 그 확신은 반드시 상대방에게도 전해질 것이다.

김동인

영업은 한계가 없다. 내가 생각하는 모든 것을 할 수 있고, 하는 만큼의 보상도 따라온다. 그래서 나는 아직도 새로운 것을 계속 습득하고, 새로운 사람들을 만나며 그들에게 많은 걸 배우고 있다. 많은 사람들은 내가 2달에 한 번씩 새로운 교육을 듣기 위해 교육수강을 하는 걸 이해하지 못한다. '지금 하고 있는 부분을 더 열심히 하는 것이 맞지 않을까? 지금 하는 일도 벅찬데 다른 일을 또 배운다면 집중이 될까? 이도 저도 안 되는 것 아니야?' 라며 말이다.

그러나 나는 뚜렷한 목표가 있기 때문에 지금의 상황에 머무르지 않고 성장해야 한다라는 확신을 갖고 있다. 앉으면 눕고 싶고, 누우면 자고 싶은 것이 본능이지 않은가. 그러다 보면 어느새 목표한 바를 잃고 환경에 적응하게 되는 게 인간이다. 나는 앞으로도 성장하고 발전하며 목표를 상향수정하면서 끊임 없이 앞으로 나아갈 것이다. 스스로의 한계를 설정하지 말고, 무한한 잠재력을 믿으며 꾸준히 성장하라. 그러다 보면 어느새 당신도 정상의 자리에서 누구보다 달콤한 열매를 맛볼 것이다.

김준형

09

바닥에서 정상을 찍고,
전국 탑 영업신화를 일으킨
JEEP 서초전시장 부장

'사소한 디테일에서 성패가 갈린다.
결국 그 진심이 고객을 움직인다.'

서울예대 극작 전공. 현재 JEEP 서초전시장에서 근무하고 있다. 차에 진심인 남자 유튜브 <카준형> 채널을 운영하고 있으며 세일즈 강의를 통해 영업의 비법을 공유하고 모든 세일즈에 접목시키고 있다. 전국 탑 영업신화를 일으키며 바닥에서 정상을 찍고, 인생역전을 꿈꾸는 사람들의 좋은 본보기가 되고 있다. 영향력 있는 딜러로서 매년 왕성한 활동으로 판매 왕의 입지를 확실하게 다지고 있다.

E-MAIL : jun3492@naver.com

자살할 용기조차 없었다.

얼음장 같은 찬바람이 살을 찢으며, 꼭 나 같은 것은 나가 죽으라고 말하는 것 같았다. 칼바람은 점점 내 등을 떠밀고 살을 파고드는데 나는 도리어 매서운 추위에 독기가 올라 내가 왜 죽어야 하나란 생각이 들었다. 누가 나를 잡아 줄 사람이 없나 주위를 두리번두리번거렸다. 내가 봐도 그 꼴이 참 불쌍하고 처절했다.

쪽팔리게 양화대교까지 죽으러 가서 잡아줄 사람을 찾다니, 눈물이 흘렀다. 담배라도 피면 진정이 좀 되려나. 생전 피워본 적 없던 담배 생각이 간절했다. 담배라도 피면 왠지 나아질 거 같았다. 눈물 범벅인 눈으로 고개를 돌리니 양화대교에 수많은 전화번호가 적힌 게 보였다. 저 번호로 얼마나 많은 사람이 살았을까 순간 궁금했다. 파노라마 같이 지난 일들이 머릿속을 스쳐지나갔다. 죽고 싶은 이 순간에도 떠오르는 행복했던 기억들이 떠올랐다. 난 패배자였다. 모든 것을 잃은 무능한 남편이자 아빠. 바닥을 치니 더 이상 내려갈 곳이 없었다. 자살하러 갔지만 나는 결국 자살할 용기조차 없었다. 사람은 정말 약한 존재라는 것을 새삼 느끼며 양화대교를 내려왔다.

인생의 밑바닥에서 모든 걸 다했다.

내가 잘 나갈 때 평생 옆에 있어줄 것 같았던 사람들은 내가 바닥을 치자 하나, 둘씩 나를 피하기 시작했다. 말 없는 소문이 천리를 간다고 했던가, 어디서 들었는지 항상 불이 나던 나의 전화기는 감감 무소식이 되었다. 쭉정이 같은 인간관계였다는 것을, 돈이 있어야 관계도 지속된다는 것을, 받을 게 있어야 관심도 받을 수 있다는 것을 왜 나는 이 나이에 깨달았을까?

모든 게 물거품같이 사라지는 것이 비단 돈뿐만이 아니었다는 것을, 그렇게 좋던 인간관계도 한순간에 끝이 날 수 있다는 것을 그때 당시 뼈저리게 느꼈다.

죽기 살기로 다시 살겠다고 다짐한 그날, 나 스스로 그만둔 영업을 다시 시작했다.

영업이 내 인생의 마지막 동아줄이라고 생각했다. 돈 때문에 그 많던 사람들이 떠나갔다. 돈 때문에 오는 처절함과 비참함은 느껴본 사람만 안다. 나만 비참해지면 그나마 나은데 처자식까지 그리 되는 것 같아 마음이 너무 힘들었다. 부자가 되겠다는 것이 아니었다. 아이들에게 빚만 물려주고 싶지 않았다. 나만 힘들면 그만인데 가족까지 고난의 구렁텅이로 집어넣었다는 죄책감에 하루하루 숨쉬기가 힘들 정도였다. 점점 쪼그라드는 내 모습에 대인기피증까지 생기기 시작했지만 그럼에도 불구하고 살아야 했다. 발렛, 대리운전, 알바 등 이것저것 닥치는 대로 밤새 일을 했다. 하루 종일 일하고 손에 거머쥔 몇 만원, 예전 같으면 한 끼 외식 값도 안 되는 돈을, 하루 종일 일해야만 겨우 얻을 수 있었다. 하지만 일하지 않으면 굶어야 하는 상황에서 이 몇 만원은 내게 너무나 소중했다. 나만 바라보는 아이들을 지켜내고, 가정을 지킬 수 있는 돈이었기에 몇 천원을 아끼려고 1시간을 걷는 것도 마다하지 않았다. 비상식적인 사람들, 나를 하인 대하듯 하는 사람들, 나에게 욕지거리를 해대던 사람들, 별의별 사람들을 다 겪으면서 버는 돈이었지만 그래도 나는 행복했다. 가족을 지켜낼 수 있었기에 나에게는 충분히 가치 있는 돈이었다.

수많은 멸시를 꾸역꾸역 견뎌냈다.

하지만 나도 사람이기에 종종 억울하고 분할 때도 많았다. 어떤 날은 대리운전을 하다가 길을 잘못 들어 10키로 정도를 돌아갔는데 여자 손님이 내리면서 "꼴랑 만원 더 벌려고 일부러 돌아가셨죠?"라고 말했다. 억울함과 분함과 수치스러움에 자존감까지 무너져 내려 한참을 울었다. 그 손님을 내려주고 난 그렇게 팅팅 부은 눈으로 집에 들어가서도 한참을 진정하지 못했다.

이런 차를 몰아본적 있냐며 나를 위아래로 훑어보는 손님도 있었고, 아이에게 소곤소곤 대며 "이런 일하지 않으려면 공부 열심히 해야 한다."라고 말하는 사람도 있었다. 내가 한때 잘나가던 렌트카 회사를 운영하는 대표였다는 사실은 중요하지 않았다. 나는 현재 술에 취한 손님들이 던지는 키나 받아야 하는 사람이었다. 밑바닥 인생은 정말 치사하고 더러웠다. 어디든 허리를 굽신거려야 했고 감사합니다를 연발해야 했으며 잘못한 것이 없어도 죄송합니다를 입에 달고 살아야 했다. 아무리 열심히 일해도 통장 잔고는 항상 부족했다. '왜 나는 열심히 일하는데 내 삶은 하나도 나아지는 게 없을까?'라는 회의가 들어 일하는 것이 점점 더 힘들었다. 일한만큼의 보상이 따르지 않으니 당연할 따름이었다. 몸이 피곤하고 힘든 건 참을 수 있었지만 일한만큼 따라주지 않는 현실이 나를 더 비참하고 참담

김준형

하게 만들었다.

자동차 영업을 시작하다.

그런 나를 지켜보던 아내가 여기서 더 나빠질 것도 없으며 잘 되도 안 되도 손해 볼 건 없으니 억지로 하는 일 말고 당신이 제일 좋아하고 잘하는 일을 해보라며 자동차 영업을 권했다. 하지만 두려웠다. 내가 좋아하고 잘하던 영업도 생각하고 싶지 않았고 내가 잘 해낼 수 있을까라는 생각이 들었다. 하지만 아내는 끈질기게 나를 설득하기 시작했다. 나는 이 핑계 저 핑계를 대며 그렇게 몇 개월을 그냥 보냈다. 그때를 생각하면 패배자 근성에 절어 있었던 것 같다. 실패할 이유들만 생각하며 시작조차 하지 않고 '안 된다'라는 결론을 이미 내려버렸으니. 내가 해야 할 이유를 찾는 것이 아니라 하지 말아야 할 변명들을 찾고 있었던 것 같다. 자존감이 이미 바닥을 친지 오래였고 눈을 뜨면 몸도 마음도 지옥 같았다. 무언가를 시작할 작은 힘마저 잃어버린 상태였다.

하지만 나는 살아야 했다. 가족을 먹여 살리고 돈 때문에 스트레스 받지 않는 인생을 살고 싶었다. 그래서 용기를 냈다. 나는 내가 잘할 수 있는 일, 그동안 내가 해왔던 일, 많은 돈을 벌 수 있는 일이었던 자동차 영업의 세계로 뛰어들기로 결심했다.

영업은 설명하는 게 아니라 증명하는 것이다.

10년 만에 뛰어든 영업전선. 나는 더 이상 펄펄 날던 20대가 아니라 남들보다 발을 늦게 디딘 40대였다. 모두가 나보다 어렸지만 이 사이에서 나는 살아남아야 했다. 아니, 최고가 되어야 했다. 그러기 위해 들어왔고 꼭 그래야만 했다. 영업에서 잘나갔던 나는 과거일 뿐이고 현재 나는 말 그대로 초짜며 신입이었다. 10년 만에 새로 시작하는 만큼 모든 것이 낯설었다

새로운 환경에 적응하기 위해 남들보다 일찍 출근하고 늦게 퇴근하는 것은 너무 당연했다. 나는 1주일에 2~3일은 회사에서 먹고 자며 시간을 아꼈다. 다 퇴근한 불 꺼진 전시장에서 손님을 응대하는 연습부터 롤플레잉을 밥 먹듯이 연습했다.(롤플레잉은 손님이 있다고 가정하고 차량을 설명하는 것이다)

달달달 외우고 공부하고 또 연습하며 모든 차의 장단점을 말하기를 쉬지 않고 했다. 내가 소속된 차뿐만이 아니라 경쟁사의 차나 비슷한 차들도 공부해서 비교 분석해 질문하는 손님들에게 바로바로 응대할 수 있도록 연습하고 또 연습했다. 내가 입에 붙어야 고객에게 자신감 있게 설명 할 수 있고, 고객을 설득 할 수 있다. 나는 끊임없이 연습했고 심지어는 거울을 보며 웃는 연습까지 했다. 긍정적이고 밝은 에너지를 싫어할 사람은 없다. 어느 누구도 우중충하고 다운된 사람에게 다가오지 않는다. 그 사람밖에 없으면 모를까 선택의 폭이 많다면 더더욱 그중에 밝고 긍정적인 사람에게 갈 것이다. 그게 내가 되어야 했다. 거울을 보고 미소 짓는 연습을 하며 고객에

김준형

게 친근하게 다가갈 수 있도록 노력했다.

가장 간절했기에, 가장 열심히 했다.

영업은 개인플레이나 마찬가지라 모두가 경쟁자다. 남보다 뒤처지면 영업에선 죽은 거나 마찬가지다. 나는 이미 예전에 죽은 목숨이나 마찬가지여서 보너스 인생을 사는 것처럼 죽을힘을 다해 열심히 일했다. 아마 다른 직원 그 누구도 나 같을 순 없었을 것이다. 그들은 바닥을 경험하지 못했기 때문에 처절함도, 간절함도 나와 같지 않았을 테니.

바닥을 칠 때 나에게 와준 쓰레기 같은 처절함과 간절함의 감정은 도리어 나의 무기가 됐다. 다시 돌아가고 싶지 않은, 꼭 성공해야만 하는 이유가 되어 나를 더 단단하게 해주었다. 인생의 쓴 맛을 경험한 나에게는 어떤 어려움도 핑계가 될 수 없었다. 어떤 상황에서도 최선을 다했고, 절대 실패하면 안 됐기에 밤낮을 가리지 않고 열심히 일을 했다.

어느 누구도 경험해보지 않으면 모르는 것이 인생이다. 예전의 잘나가던 그때로 돌아가기 위해 죽기 살기로 영업에 임했다. 천국과 지옥을 오고간 나로서는 다시는 지옥 같은 삶으로 돌아가고 싶지 않았기에 경주마처럼 앞만 보고 달릴 수밖에 없었다.

매순간 온전히 내 일에만 100% 집중하고 고민했다. 눈뜨면 순간부터 눈감기 전까지 일만 생각했다. 그렇게 미친 듯 노력하니 하나, 둘 손님이 찾아주기 시작했다. 그리고 그 손님들이 다른 손님을 소개시켜주며 입소문이 나기 시작했다. 그 후, 회사에서도 나를 보는 눈빛부터가 달라졌다. 'WHO?'가 'HOW'로 바뀌었다. 성과로 나를 증명하니 다들 나를 궁금해 했다.

영업은 정직하다.

영업은 답이 없다. 내가 투자한 시간대비 결과가 나오는 것이다. 나는 남들 밥을 먹을 때 밥을 먹어본 적이 거의 없을 정도로 1분1초를 1시간처럼 썼다. 새벽 12시가 되어 햇반으로 첫 끼를 먹는 것이 태반이었다. 어떻게든 실적으로 나를 보여주는 것이 최고라고 생각했다. 그렇게 피나는 노력을 했고, 내가 보낸 시간들이 결국 나에게 크나큰 성과로 다가와 주었다. 영업은 정말 정직하다.

실적이 나의 고된 하루하루를 증명해주고 실적이 나의 쪽잠을 인정해준다. 더 열심히 할 수밖에 없는 이유다. 누구에게나 시간은 공평하게 주어진다. 나에게 시간은 기회며 남들보다 앞설 수 있는 이유였다. 공평하게 주어진 시간을 최대한 지혜롭게 활용하기 위해, 난 우선 쓸데없는 시간을 아예 없애버렸다. 영업하는 사람이라고 다 같진 않다. 영업의 장점은 일반 직장인들과 다르게 시간을 여유롭게 쓸 수 있다는 것인데, 나태해지기 시작하면 한없이 나태해질 수도 있다.

간혹 나태에 빠져 주어진 성과에만 만족하며 사는 젊은 후배들을 보면 안타깝다. 주어진 시간을 토끼처럼 쓰다가는 자기 능력의 100분의 1만 쓰고 겨우 입에 풀칠을 하며 살아갈 수밖에 없다. 성공하고 싶다면, 주어진 시간을 어떻게 나눠 효율적으로 쓸 것인지에 대해 항상 고민해야 한다. 내가 하루 동안 무슨 생각을 하고 어디에 시간을 쓰는지 생각해야 한다.

자투리 시간 1분 1초도 놓치지 않고, 매순간 최선을 다해라. 사람은 나를 배신해도 노력은 절대 나를 배신하지 않는다. 내가 입사 1년 만에 판매 왕으로 등극할 수 있었던 이유다.

작은 디테일이 고객의 마음을 움직인다.

차량용 스피커는 아무리 좋아도 라디오로 들으면 좋은 음질을 느끼기 어렵다. 내 USB에는 2,000곡 정도의 최신가요, 드라마, 팝송, 클래식, CCM등 카테고리별로 다양한 노래들이 들어가 있다. 나는 시승차를 준비할 때 그날의 날씨나 고객의 성향에 따라 음악을 세팅해 놓는다. 젊은 연인에게는 사랑노래, 비 오는 날은 잔잔한 팝송, 저녁 늦은 시간에는 재즈, 목사님 같은 성직자에게는 CCM등 날씨에 따라 혹은 고객의 느낌과 취향에 따라 맞는 노래를 세팅하는 것이다. 사람은 사소한 것에 감동받는다. 센스 있으신 분은 눈치 채고 너무 고마워하시고 혹 모르는 분이라 할지라도 그 노래에 반응한다면 이미 성공한 셈이다.

이렇게 감동은 사소한 디테일에서 결정된다.

사소한 디테일에서 성패가 갈린다.

어린자녀와 같이 온 고객들이 차를 보러 오는 경우들이 종종 있다. 그 상황을 대비해 크레파스와 스케치북, 마이쭈(아이들 간식)를 항상 준비해둔다. 차를 보러 왔지만 뛰어다니거나 종알대는 아이 때문에, 차를 제대로 보지 못하는 고객들을 위해 따로 내가 준비한 상비 책이다.

돌아다니거나 종알대던 아이들에게 스케치북을 내밀면 이내 몇 분간은 집중하여 그림을 그린다. 나는 그 시간에 고객에게 중요한 내용 위주로 차에 대해 설명한다. 그 몇 분이 금 같은 시간이기에 엑기스 같은 설명을 이어나간다. 그래야만 귀한 걸음을 한 고객도, 설명하는 나도 원활히 내용을 듣고 또 전달 할 수 있기 때문이다.

요즘 고객들은 한 매장에 가서 바로 자동차를 계약하지 않는다. 다른 브랜드의 매장에 가서 비교하는 건 너무나 당연하고, 같은 브랜드라도 여러 지점을 순회하며 상담을 받는다. 그럼 어떻게 내가 이 치열한 경쟁의 세계에서 선택을 받을 수 있을까? 고객은 이미 여러 매장을 순회했고 나는 그 많은 매장 딜러 중 하나인 셈이다. 뽑히기를 기다리는 인형가게 인형처럼 가만히 기다리고 있으면 절대 뽑기 기계의 집게손에 잡히지 않는다. 움직여야 한다. 집게손에 잡힐 수 있도록 계속해서 움직이고 또 움직여야 한다. 나는 우선 상담을 하고 계약으로 이뤄지지 않아도 절대 고객을 빈손으로 돌려보내지 않는다. 작은 선물이라도 꼭 손에 쥐어 보낸다. 키링이든, 우산이든, 와인이든 무엇이 됐든 귀한 시간을 내서 매장에 들른 손님에게 작은

김준형

선물을 한다. 그렇게 선물을 드리면 도리어 받은 손님이 깜짝 놀라며 말한다.

"어머! 계약도 하지 않았는데 왜 선물을 줘요?"

그럼 나는 이렇게 웃으며 대답한다.

"나중에 지프에서 차를 사게 되신다면 저를 꼭 기억해주세요"

그럼 얼마 지나지 않아 연락이 온다.

결국 진심이 고객의 마음을 움직인다.

지금은 출고량이 많아지면서 매번 쓰진 못하지만 예전엔 항상 꾸준히 출고하는 손님에게 첫 만남부터 출고까지 내가 느낀 이야기들을 편지에 담아 정성스럽게 손 편지를 선물했다. 절실했기에 편지 또한 나의 진심이 묻어날 수밖에 없었다. 아마도 나의 절실함과 진심이 고객의 마음을 움직인 것 같다. 그 뒤로 지프차를 찾는 지인들을 꾸준히 연결해 주시는 것을 보면 말이다. 지방에 출고를 갈 때는 지역을 묶어 고객을 만나기도 했다. 예를 들어 대전에 출고가 있을시 천안, 청주, 대전을 묶어 기존 고객에게 찾아가 인사도 나누고 차를 잘 타고 있는지 돌아보기도 하며 작은 선물도 한다. 특히나 지방에 계신 고객들은 멀리서 찾아와준 것에 대한 고마움을 고객 연결로 이어준다. 이런 열정과 관심이 고객과의 소통을 원활히 하고 관계를 유지하게 만들어준다. 또한 나는 고객의 성향에 따라 상담기법을 다르게 했다. 예를 들어 꼼꼼한 성격의 공무원이나 교직에 있는 분들에게는 자료를 비교분석하여 설명했고, 사업하는 시원시원한 성격을 가진 분에게는 친근하게 다가갔으며, 어느 정도 경계를 가진 성향의 분에게는 일정 거리를 두고 부담을 주지 않는 선에서 내용만 간단명료하게 설명했다. 때에 따라 시시각각 다르게 접근했기에 상담이 계약으로 이뤄지는 성과를 거뒀다. 진심은 통한다고 영업을 하면서 많은 분과 친구가 되고, 긍정적인 소통을 하게 돼서 위로도 얻고 힘도 얻을 수 있었다.

반드시 솔직해야 한다.

나는 단점이라도 고객에게 솔직하게 이야기 한다. 욕심에 급급해서 포장만 하는 사람은 그 때는 좋을지 모르나 고객이 다시는 찾지 않는다. 일회성으로 끝나는 만남이 되어 버린다. 롱런하기 위해서는 항상 진실 되고 정직해야 한다. 진심은 언젠가 통하니까 말이다. '사실 지프차가 너무 마음에 안 들었는데 김준형 부장의 열정과 진정성이 마음에 들어서 지프차로 결정했습니다.'라고 손 편지를 직접 써서 커피쿠폰과 함께 선물을 주신 분도 있었다. 장점만 말하는 게 아니라, 단점도 말해야 한다. 나중에 알게 되면 훨씬 더 큰 문제가 생길 수도 있다. 눈 앞의 작은 이익에 현혹되지 말고, 진정성 있게 자신의 이미지를 만들어가라. 장기적으로는 그게 훨씬 더 큰 이익이다.

스스로를 브랜딩하기 위해 유튜브를 시작했다.

한 명, 한명 고객을 찾아가기엔 역부족이었다. 차뿐만 아니라 '김준

김준형

형'이라는 사람도 알리고 싶어 유튜브 〈카준형〉 채널을 개설했다. 처음에는 정말 힘들었다. 카메라 앞에 서니 사람을 앞에 두고 이야기할 때랑 또 달랐다. 혀가 굳고 머리가 멍해지는 느낌이었다. 땀을 뻘뻘 흘리며 첫 촬영을 마쳤다. 머리를 쥐어짜며 고민하고 또 고민했다. 재미없는 사람은 누구든 다시 찾지 않는다. 재미없는 사람이 되지 않기 위해 다른 유명한 유튜버들의 촬영을 보고 또 봤다. 조금씩 윤곽이 잡히기 시작했다. 그래도 갈 길이 멀었다.

촬영감독과 머리를 맞대고 좋은 영상을 찍기 위해 무수한 회의를 했다. 고객이 있으면 어디든 찾아가고 잠자는 시간도 줄여가며 밤낮 할 것 없이 좋은 영상을 올리기 위해 노력했다. 그 결과 현재 나는 지프에서 가장 영향력 있는 유튜버가 되었다. 구독자와 비례하여 판매량도 증가했다. 처음에 유튜브 채널을 만든다고 했을 때 주변 직원들의 싸늘한 눈빛이 잊혀지지 않는다.

쓸데없는 짓 말라며 말리시던 대표님과 직원들은 분명 어려울 것이라 단언했지만, 지금은 너나 할 것 없이 유튜브를 하고 있다. 이젠 고객이 먼저 알아보고 기다려주고 찾아온다.

나를 먼저 알아봐주고 기억해 주는 것만으로도 나는 수많은 경쟁자 속에 한 발 앞에 서 있는 것이다. 그전에는 일대일로 소통했다면 이젠 수많은 잠재적 고객과 소통하는 것이다.

"어머! 똑같이 생겼네요. 마스크 써도 알아보겠어요.

"저 구독자에요 와이프가 너무 좋아해요."

"같이 사진 찍어도 될까요?"

"목소리도 똑같으시네요. 신기해요"

"지나가다 얼굴 한번 보러 들렀어요."

"카준형이시죠? 만나서 반가워요"

유튜브를 시작하며 자주 듣는 말이다. 굳이 차를 사려고 하지 않아도 나에게 관심을 갖고 찾아와 주는 고객들이 생기기 시작했다. 이것이 내가 말한 그물효과이다.

방송을 통해 나는 이미 고객에겐 친근한 존재가 됐고, 지프차와 상관없이 나에게 다가와 주는 사람들이 생긴 것이다. 그것이 고리가 되어 고객 연결로 또 이어진다.

나를 어필할 수 있는 것을 찾고, 브랜딩해라.

영업으로 성공하고 싶다면, 나를 어필할 수 있는 것을 찾아야 한다. 나의 매력을 극대화 할 수 있는 것을 고민해 봐야 한다. 내 이름이 브랜드여야 하고 내 이름 하면 딱 떠오르는 이미지가 있어야 한다. 내 브랜드가 쌓이면 쌓일수록 두터운 고객층은 따라오기 마련이다. BTS를 누가 말로 구구절절 설명하는 사람이 있을까? 나를 알려가고 나의 이름이 브랜드가 되도록 설계해 나가야 한다. 내가 나를 백날 설명해봤자 남이 인정해 주지 않으면 무슨 의미가 있는가? 내 자체가 설명이 되는, 인정받는 사람이 되려면 누구나 나를 이야기할 때 떠오르는 이미지가 있어야 한다. 나는 유튜브를 통해 '카준형'이란 브랜드를 갖게 되었다. 그리고 오늘도, 고객의 기대에 부응하고 믿음을 저버리지 않기 위해 나를 찾아주는 고객에게 최선을 다한다.

자기 합리화는 스스로를 갉아먹는다.

입사 1년 2개월 만에 지프 판매 왕이 되었고, 아직도 그 자리를 굳건히 지키고 있다.

노력과 발버둥으로 얻은 자리다. 매일같이 생업 전선에서 발바닥이 부르트도록 뱃가죽이 등에 닿도록 일에 매진한 결과다. 돈을 벌지 못하는 영업사원들은 노력은 하지 않으면서 핑계만 앞선다. 눈이 오면 길이 미끄러워서 쉬고 비가 오면 비가 와서, 추우면 추운대로 더우면 더운 대로 쉰다. 이 핑계, 저 핑계에 일할 시간이 없다. 시간은 다시 되돌아오지 않고 젊음은 한때다. 오늘만, 오늘만 하다 한 달 가고 10년이 훌쩍 간다. 남들 보며 부러워만 하다 인생 다 간다. 다음 생이란 없다. 어떤 것을 하던지 죽기 살기로 해야 한다.

나에게 한없이 철저해라.

남에게는 한없이 철저하지만, 자신에게는 한없이 관대한 순간 당신은 실패할 수밖에 없다. 나에게 철저한 사람이 되어라. 용서와 용납은 없다. 나 스스로에게 아주 까다로운 손님이 되어야 그나마 한 발짝 앞으로 나아갈 수 있다. 나에게 관대한 것은, 끝도 보이지 않는 나태의 구렁텅이에 스스로를 밀어 넣는 꼴이다.

남은 용서해도 나를 용서하진 말아야 성공 할 수 있다. 남에게는 관대해도 나에겐 관대하지 말아야 지금 자리에 머무르지 않을 수 있다. 그러기 위해선 끊임없는 노력이 필요하다. 성과를 내지 못하는 당신을 그 누구도 동정하거나 걱정해 주지 않는다는 것을 명심하라. 삶은 어차피 고통이다. 입 벌리고 있다고 떡을 주지 않는다. 내가 박차고 나가 일을 벌이고 만들어 야 한다. 살아남으려면, 인정받으려면, 성공하려면, 돈을 많이 벌려면 넓은 마음으로 나를 다스려서는 안 된다. 일이 주는 고단함과 피로를 마음껏 즐겨라. 그럴수록 당신이 목적지에 가까워져 가고 있다는 증거다. 나를 채찍질하고 매일같이 돌아봐라. 그 인고의 시간들이 나중에 꿀같이 단 보상으로 돌아올 것이다. 이번 달이 마지막인 것처럼, 오늘이 마지막인 것처럼 산다면 후회 없이 미친 듯 살 수 있다. 일도 그러하다. 더없는 간절함과 절실함으로 일한다면 어느 순간 성공의 달콤함을 맛보게 될 것이다. 절실하지 않으면 그냥 주어진 것에 만족하며 하루하루를 살게 될 것이고, 인생은 바뀌지 않는다. 어제의 모습과 오늘의 모습이 같다면, 10년 후도 여전히 같을 것이다.

김준형

.

박
상
현

10

ISO 선임 심사위원으로
각종 기업인증을 심사하며 컨설팅을 돕는,
대한민국 0.1% 컨설턴트

'문제는 내가 인지하는 순간
반드시 해결된다.'

위기를 극복하고 성장하는 기업이 되도록 중소기업과 소상공인 대표
들을 돕는 자문 멘토 역할을 자임한다. 정책지도사로 기업의 사업 방
향 및 아이템 제시와 정책 관련 놓칠 수 있는 혜택과 기업 리스크를 관
리하며, 국제표준화기구(ISO) 선임 심사위원으로 각종 기업인증을 심
사하며, 컨설팅을 돕고 있다. 다양한 컨설팅 경험을 바탕으로 영업 및
경영컨설팅 관련 강의를 진행하고 있다. 온전한 자기인정과 확실한 계
획을 토대로 어제보다 나은 오늘을 위해 많은 사람들과 함께 성공을
꿈꾸고 행동으로 이어가길 강조하는 대한민국 1% 컨설턴트.

E-MAIL : qkrtkd2083@naver.com

허투루 보내왔던 시간이 너무나 아쉬웠다.

나는 원래 남들과 다를 바 없는, 내가 없어도 회사는 잘 돌아가는, 누구든 내 자리를 대체할 수 있는 평범한 직장인이었다. 어느 날, 평소와 다를 바 없이 흡연실에서 부장님과 핸드폰 게임을 하며 근무시간을 때우던 중, 부장님이 이번에 둘째가 생겨 차를 바꿨다고 하셨다. 기준은 모두 다르겠지만 나는 '부장님이라면 수입차 정도를 구매하셨겠지?' 라는 생각을 하고 있었는데, 부장님께선 크게 무리해서 3,000만 원 중반의 SUV를 구매할 거라고 하셨다. 거기에 덧붙여 사모님과 차량가격이 너무 비싼 거 아니냐는 다툼도 했다고 하셨다. 큰 충격이었다.

열심히 회사를 일해서 부장님의 위치에 있을 때 결국 나도 3,000만원 중반의 SUV밖에 타지 못하겠다는 생각을 하며, '도대체 무슨 일을 해야 큰돈을 벌수 있을까?', '지금과 같이 출근이나 하며 시간을 때우며 회사를 다녀야하나?', '사업을 하기엔 모아둔 돈이 없는데?'라는 고민을 시작하게 됐다. 이러한 생각이 꼬리에 꼬리를 물다보니 지금까지 내가 허투루 보내왔던 시간이 너무나 아쉬웠다.

영업은 불만으로 시작된다.

현재에 이르러 영업이란 직업으로 성공하신 분들을 살펴보면 대부분 이전의 삶에 대한 불만에 기인한 경우가 많다. 그들은 영업을 통해 고소득을 목표로 하며 이전의 삶을 바꿔보고자 확실하게 결심한

박상현

것이다. 나 또한 이러한 동기로 영업에 발을 들였다. 가끔 '아직도 회사를 다니고 있었다면, 지금의 나는 어떤 모습일까?'라는 생각을 한다. 지금의 나는 아내와 장을 보러가도 크게 가격을 따지지 않고 구매한다. '이 제품보다 더 저렴한 건 없을까? 구매하고 나서 후회하진 않을까?'라는 조마조마한 마음이 없이 여유롭다. 필요한 것이 있다면 현재 나온 제품 중 가장 좋은걸 산다.

꼭 영업이란 직업을 택하라는 건 아니다. 내가 영업을 하겠다고 했을 때 가족, 친구들 주변지인들 모두 반대를 해왔다. 하지만 나는 영업이 가장 인생을 빠르게 역전시킬 수 있는 방법이며, 영업이란 직업을 거친 이후 다른 직업을 택한다면, 영업을 통해 배운 점으로 무엇이든 잘해낼 수 있을 거라 확신한다. 이 책을 통해 영업의 노하우를 배우고, 삶에 어떻게 적용할지 고민해보자.

과거에 대한 반성으로 시작하다.

우선 영업에 대한 목표와 계획을 세우기 전에 나의 지난 역사를 모두 기록했다.

탄생부터 현재까지 내가 선택하고 행동했던 모든 부분을 자세히 기록했으며 이 속에서 필요 없던 시간, 허투로 보낸 시간, 하지 말아야 했던 시간을 모두 살펴보니 놀랍게도 군대를 다녀온 기간을 포함해 7년이란 세월을 의미 없이 보냈다는 사실을 깨닫게 되었다. 7년이란 시간이면 무엇을 배우고 익혀도 전문가가 될 수 있는 시간 아닌가. 너무도 아깝고 안타까웠다. 그리고 반드시 이 시간을 되찾겠다 마음먹었다.

반성하게 된 부분을 적다.

우선 지난 과거를 통해 반성하게 된 부분을 모두 적었다. 그리고 확실히 반성해야 할 부분들을 찾게 되었다. 무슨 일이든 하다말다를 반복함으로써, 시간을 허비하게 되었고 제대로 이루어 낸 것이 없었다. 자존심만 강해서 주변 사람들의 이야기를 듣지 않았고, 조언을 무시했으며, 핑계만 늘어났다. 하지 말아야 할 것들이 명확해졌다. 내 방식대로 행동한 결과가 지금의 나를 만들게 된 것이었다. 반성하게 된 부분을 체크하고 지금 7년이란 시간이 주어진다면 무엇이 하고 싶은지, 무엇을 이루고 싶은지, 어떤 경험을 하고 싶은지 적어 내려가기 시작했다. 그리고 이런 부분들을 행하기 위해서 어떤 노력을 얼마나 해야 할지, 어떤 고통을 감수해야 할지 적기 시작했다.

힘들 거란 것을 알기에 두려웠지만 내 자신을 믿기로 했다. 너무 멀리 보면 시작 전에 지칠 것 같아 바로 앞만 보고 행동하기로 결심하였고 계획을 짜기 시작했다.

이러한 과거를 통한 자기반성을 토대로 나의 위치를 확인하고 온전한 자기인정을 하게 되었으며 이는 나를 발전시킬 수 있는 가장 큰 기반이 되었다.

만약 영업을 하다 미팅이나 상담에서 원하지 않은 결과가 나왔다면 어떤 문제가 있는지 또한 문제가 될 수 있을 만한 요소들을 모두 적어보자. 〈하인리히의 법칙〉은 대형사고가 발생하기 전에 그와 관련된 수많은 경미한 사고와 징후들이 반드시 존재한다는 법칙이다. 나는 이 법칙을 영업에서 사용해왔다. 사소한 문제가 될 만한 요소들이 모여 대형사고가 나는데 이 대형 사고를 막기 위해 사소한 요소들을 없애가는 과정을 거쳐야한다.

미션. 1

A4용지 3장을 준비한다.

첫 번째 A4용지 상단에 '나의 과거'라고 적는다. 내용은 태어난 년도부터 학교입학, 입대, 취업, 승진 등 모든 항목을 적었다. 당시 어떤 선택을 했는지 왜 그런 선택을 했었는지 적어본다.

두 번째 A4용지 상단에 '지난 과거에서 반성할 점'이라고 적는다. 내용은 당시 성향은 어떠했고 생활패턴은 어떠했는지 등을 통해 성과 및 결과내용, 후회되는 점, 느낀 점을 모두 적는다.

세 번째 A4용지 상단에 '지난 과거를 통해 앞으로 해야 할 것' 이라고 적는다. 내용은 첫 번째 A4용지를 살펴보며 의미 없이 헛되게 보낸 시간을 계산해본다. 놓쳤던 시간을 계산하는 것이다. 그리고 이 시간을 되찾기 위해 어떤 노력을 할지, 무엇을 하고 싶은지 자유롭게 적으면 된다.

성공에 가장 중요한 목표, 계획, 행동의 3박자.

과거를 통해 보완해야 할 부분을 알았다면, 그 다음은 목표를 이루기 위해 계획을 세워야한다. 이때 영업에 대한 목표와 계획만 세우지 말고 우리 인생에 대한 목표도 함께 세워보자. 인생에 대한 목표는 업무에 대한 목표를 뒷받침해준다. 목표는 높을수록 좋다고 하지만, 너무 무리한 목표를 갖게 되면, 무리수를 두게 되고 이러한 무리수는 불안요소로 작용하여 영업에 타격을 줄 수 있다. 내가 할 수 있는 범위 내에서 도전해볼만한 의지가 생기는 목표를 정하자.

목표를 달성했을 경우 나에게 주는 선물 등 보상의 수단을 만들어보자. 보상은, 목표완료를 위한 성취도를 높인다. 또한 목표달성 정도를 중간 중간 계속 체크하자. 마지막으로 가장 중요한 한 가지가 있는데, 눈앞에 이기고 싶은 경쟁자를 두는 것이다. 내가 저 동료만큼은 무조건 이긴다는 생각으로 최선을 다하자. 그리고 그를 넘어섰다면, 더 높은 경쟁자를 점찍자. 이렇게 한명씩 목표로 둔 경쟁자를 이겨가며 느끼는 성취감은 이로 말할 수 없다.

박상현

목표를 구체적으로 세웠으면 계획을 짜야 한다. 데이터가 있으면 굉장히 구체적으로 계획하기에 수월해진다. 쉽게 이해할 수 있게, 내가 수입 차 영업팀장 시절 예시를 들어보겠다.

나는 보통 10명의 고객을 만나면 평균 3명을 계약시켰고, 그 3명의 고객 중 해약은 평균 1명 정도였다. 그럼 2대를 팔기 위해서는 10명의 고객을 만나야 하는 꼴이었다. 그럼, 나의 목표였던 월 10대를 이루기 위해선 한 달에 최소 50명의 고객을 만나야했다. 한 달에 50명의 고객을 만나기란 정말 쉽지 않았다. 하루에 최소 1-2명의 신규고객을 만나야 하는데 출고업무와 사후관리 그리고 수많은 회의와 팀원관리 등으로 시간을 내기도 어려울뿐더러 고객이 그렇게 많지도 않았다. 그래서 나는 계약의 확률을 높이기로 하였다.

나에게 어떤 문제가 있어, 10명 중 7명의 고객을 놓치고 있는지 기존의 프로세스를 단계별로 세부적으로 검토를 하였다. 상담을 영상으로 촬영하며 문제점을 찾아보고 문제점을 수많은 수정과 보완의 과정을 거쳤다. 그리고 이런 과정을 통해 계약률을 높일 수 있었다.

현재도 위와 같은 동일한 방법으로 목표에 대한 계획을 세운다. 다만 판매량이 아닌 매출로 변경된 것뿐이다. 목표한 매출을 달성하기 위해 몇 개의 업체와 계약을 해야 하는지, 한 달에 몇 개의 업체를 만나야하는지 역순으로 다가간다. 그러면 당장 오늘, 내일 무엇을 해야 하는지 알 수 있다.

또한, 나는 고객을 어떠한 경로로 만나게 되는지 그리고 해당 경로마다 확률은 어떤지 매번 체크를 하였고 기준을 세웠다.

아래 표는 실제 데이터를 활용하여 확률로 계산한 기준이다.

기준	
소개건	30%
방문고객	10%
온라인마케팅	10%
오프라인마케팅	40%
기존고객	10%
total	100%

매달 진행사항을 중간 중간 체크하고 어느 항목이 부족한지 파악하여 부족한 부분에 더욱 몰두하였다.

아무리 좋은 계획도 행동이 없으면 무의미하다.

계획을 하였으면 이제 행동을 해야 한다. 계획이 완벽한들 행동하지 않는다면 바뀌는 건 없다. 행동하는 것은 매우 어렵다. 그러나 지난 나의 삶을 바꾸려면 당장 행동하고 반복하여 습관으로 만들어야 한다. 꾸준한 생각은 행동을 낳고, 꾸준한 행동은 습관을 낳고, 이러

박상현

한 습관은 인격을 형성하고, 인격은 운명을 낳는다고 한다. 체계적인 계획을 통해 행동하며 목표를 달성했다면, 현실에 안주하지 말고 목표를 상향한다. 그리고 목표를 상향하기 위해 추가될 부분은 무엇일지, 추가된 부분에 대한 시간은 어떻게 사용해야할지 계획을 재설정하고 실행하면 된다. 명심하자. 결국 행동이 상상을 현실로 만든다는 것을.

고객과의 논쟁에서 100% 이기는 방법.

고객은 항상 소비자로서 가격, 성능, 옵션을 비교한다. 그래서 영업사원은 항상 고객과 논쟁을 벌이고 그 속에서 이기는 법을 터득하려 한다. 나 또한 고객과의 논쟁에서 이기려 했다. 그리고 마침내 논쟁에서 이기는 단 한 가지 방법을 알아냈고, 이 방법을 적용한 결과 고객은 자신의 주장을 내려놓고 나에게 귀를 기울이기 시작했다.

논쟁은 반드시 피해라. 피하는 게 이기는 것이다.

고객과의 논쟁은 반드시 피해라. 왜냐하면 논쟁에서 이기게 되더라도 고객은 우리 제품을 구매하지 않을 것이기 때문이다. 왜 그럴까? 고객과의 논쟁에서 이겼다고 치자. 당신은 기분이 좋을 수 있겠지만, 고객은 어떠한가? 당신은 고객에게 열등감을 느끼게 했고, 고객은 자존심이 상할 수밖에 없다. 수입 차 팀장으로 있을 때, 우리 브랜드에 대한 자부심이 넘치는 나머지 타 브랜드와 비교하는 고객과 논쟁하기를 즐겨하는 팀원이 있었다. 그는 논쟁을 벌여서라도 어떻게든 자신의 의견을 고객에게 관철시키려 했다. 그리고 당연히 그와 논쟁을 한 고객이 판매까지 이어진 경우는 단 한 번도 없었다. 그에게 말을 삼가고 논쟁을 피하도록 훈련시키는 RP연습을 시켰다. 효과는 바로 이어졌다. 고객이 논쟁을 하려한다면 논쟁할 여지를 없애는 것이었다. '맞습니다. 고객님. 고객님의 말씀이 옳죠.' 고객의 말에 동조를 함으로써 고객은 논쟁을 중단할 수밖에 없었다. 맞장구를 치는데 그 논쟁거리에 대해 종일 이야기할 필요는 없기 때문이다. 그러면 논쟁은 중단되고 나의 이야기에 집중을 하게 된다.

링컨은 이런 말을 했다.

'스스로에게 최선을 다하려고 노력하는 사람은 사사로운 논쟁 따위에 시간과 노력을 허비하지 않는다. 논쟁은 성격을 망치거나 자제력을 상실하는 결과를 초래할 수 있다. 개와 싸움을 하다가 개에게 물리는 것보다 길을 피해주는 것이 좋지 않는가. 개를 죽인다 해도 물린 상처가 아물지는 않을 것이다.'

고객과 의견이 다르다면 우리는 자연적으로 자신을 변호하려 반응하게 될 것이다. 이 반응을 조심하고 침묵을 지키자.

박상현

과하지 않은 스킨십으로 우위를 선점하자.

나는 고객과 미팅에서든 일상생활에서 누구를 만나든 과하지 않은 스킨십을 한다. 고객과 미팅 시작 전 인사를 나누고 자리로 안내를 하는 과정 중에 매우 자연스럽게, 고객의 어깨나 팔목을 살짝 터치한다. 이때, 고객은 심리적으로 이끌림을 당하는 느낌이 들어 자연스레 나의 의도대로 따라오게 될 것 이고, 나는 고객보다 우위에 있다는 심리적인 느낌이 들어 긴장은 풀어지고 부담은 덜어질 것이다. 단, 부자연스러울 경우에 대비해 연습을 많이 해봐야하고, 같은 고객에게 남발할 경우 무시한다는 생각이 들 수 있으므로 조심해야한다.

내가 원하는 모습의 환경을 만들어라.

모두 '맹모삼천지교'에 대해 많이 들어 잘 알고 있을 것이다. 맹자의 어머니가 맹자의 교육을 위해 세 번이나 이사를 했다는 사자성어로 주위 환경이 무척이나 중요하다는 말이다.

　환경을 바꿔 성공하기 위해 나는 첫 번째로 인적(人的)환경부터 만들었다. 내 성공에 방해가 되고 성장가능성이 없어 보이는 친구들은 멀리하기 시작했다. 그들은 항상 환경을 바꾸려 하지 않고 자신의 환경 탓만 해왔다.

　'못하겠어. 과거에 내가 그랬더라면…'이라며 의미 없는 가정과 핑계만 늘어놓는다.

그들은 남 탓하기를 좋아하고 학창시절 잘나갔던 과거만 회생하며 술잔을 부딪친다. 그리고 꼭 자기와 같은 생각을 가진 친구들과 어울린다. 회사에서도 마찬가지이다. 못난 영업사원들끼리만 몰려다닌다. 그리고 경험상 이들은 절대 영업을 오래하지 못한다.

조언을 들을 수 있는 멘토를 두자.

항상 조언을 들을 수 있는 멘토를 두자. 멘토가 분야별로 있으면 가장 완벽하다. 나는 시간관리분야, 영업관련분야, 자기관리분야, 리더쉽관련분야의 멘토를 두고 있고, 이 분들은 내게 많은 조언을 해주셨으며 나도 그것을 삶에 적용하며 놀랍도록 변화할 수 있었다.

만약 주변에 멘토로 둘만한 사람이 없다면 책을 사귀어라. 책의 저자는 굉장한 멘토가 될 수 있다. 내가 추천하는 도서로는 댄 애리얼리의 〈부의 감각〉, 리처드 코치의 〈8020법칙〉, 데일 카네기의 〈인간관계론〉, 엠제이 드마코의 〈부의 추월차선〉, 안규호의 〈더 보스〉다. 이처럼, 사람과 책에서 다양한 정보들을 습득하며 삶에 적용해보자. 단언컨대 당신의 인생이 놀랍게 바뀔 것이다.

분수에 맞지 않는 소비는 결국 망하는 지름길이다.

영업을 하는 대부분이 간과하는 것 중 하나는 바로 매출이 순이익이라는 착각을 한다는 점이다. 매출이 있으면 매출원가와 판관비(상품을 판매하거나 관리하는데 드는 비용)를 빼줘야 순이익이 나온다. 하지만 대부분의 영업사원은 매출이 순수익이라는 착각에 빠진다. 순수익이 얼마인지도 모르고 이번 달에 큰 건이 들어왔다고 과소비를 한다. 하지만 현명한 영업사원은 이러한 착각에 빠지지 않는다.

영업사원으로서 현명한 소비를 하는 방법.

첫 번째로 나의 재정 상태를 기록하는 습관을 갖는 것이다. 나의 재정상황을 사실대로 체크해보자. 순이익의 금액은 얼마인지, 순이익률은 몇% 정도 되는지 계산하여 기준치에 도달 못하는 일이 없도록 판관비를 조절해줘야 한다. 이는 매달 고객 서비스에 지출되는 비용을 비율로 조절할 수 있으며, 설정된 마케팅비용을 투자함으로써 다음 달 수익을 기대할 수 있으며, 또 계약을 얻어내기 위해 무리한 조건을 제시하지 않게 된다.

두 번째로 자신의 목표에 대한 예산안을 구체적으로 짜두는 것이다. 늘어난 생활의 규모는 다시 줄이기가 매우 어렵다. 쓰긴 쉬워도 다시 아끼긴 어렵기 때문이다. 그러니, 이번 달 수익의 일부를 다음 달 마케팅비용으로 얼마를 사용할지, 다음 달 최소 몇 명의 고객을 만나야 하므로 고객에게 사용될 영업비용은 얼마정도가 적당할지 계획된 예산에 맞춰 활동하면 훨씬 더 현명한 소비를 할 수 있을 것이다.

세 번째로 미리 저축을 해두는 것이다. 어릴 적 동네후배 중 보험업을 하는 친구가 있다. 그는 고객들에게 수익의 몇%는 꼭 저축을 해야 하고 그 중 몇%는 연금을 가입해야하며 몇%는 보험에 가입해야 한다고 자산관리를 해주며 보험가입을 권유한다. 그런데 정작 자신은 저축을 하지 않는다. 왜 저축하지 않냐고 물어보면 고정수익이 없어 저축이 부담스럽다고 한다. 그러나 그럴수록 만일을 대비해서 저축을 해야 한다. 수입차 영업사원에서 경영컨설팅업으로 업종전환을 했을 때도 꾸준히 모아둔 돈으로 기반을 다질 수 있었다.

결국은 '연속성'이 승패를 가른다.

승패를 가르는 이것은 바로 '연속성'이다. 연속성에는 필수요소가 있다.
바로 제대로 살아온 오늘이다. 이러한 오늘들이 꾸준히 있음으로써 승패를 가르는 연속성이 된다. 항상 하면 좋은 일들을 만들어 정해두자. 나도 몇 가지를 정해두고 지금까지 매일 행하고 있다. 기상 후 맨손운동, 씻을 때 거울 보며 자기암시(최면걸기), 하루 일정체크, 정책뉴스보기. 퇴근 후 다음날 중요일정 체크 및 업무준비, 간단한 독서, 피부 관리, 비타민섭취, 등 간단해 보이고 별 거 없어 보이지만 이 오늘이 쌓이면 정말 무서운 습관이 된다. 잊지 말자. 하루가 쌓이면 한 달이 되고, 한 달이 쌓이면 1년이 되며, 그 1년이 쌓여 나의 성공을 결정한다는 것을.

실행이 없다면 모든 게 무의미하다.

좋은 습관을 만들기 위해 스스로를 마인드컨트롤하는 가장 좋은 방법은 결국 '실행'이다.

박상현

멜 로빈슨이 쓴 〈5초의 법칙〉에는 이런 내용이 나온다. '5초 안에 행동하지 않으면 해야 한다는 알람은 영영 꺼지게 된다.'

"헬스장에 가야하는데 너무 피곤하다, 독서해야하는데 내일부터 시작할까, 고객에게 지금 전화해야하는데, 지금 기상해야하는데 10분만 더 자도 괜찮겠는데…" 뇌의 유혹에 넘어가는 순간해야 할 일들은 꼬여버린다. 그래서 바로 5초의 카운트다운을 시작한다. 5초를 세고 바로 행동하면 자신에게 합리화할 시간을 주지 않음으로써 유혹을 이겨낼 수 있다. 엄청 단순하면서도 강력하다. 여러분도 이 방법을 삶에 적용해본다면 좋은 결과를 얻을 수 있을 것이다.

피할 수 없으면 즐겨라.

고통을 피할 수 없다면 이겨내자. 고통은 내가 성장하고 있다는 증거다. 어떤 경우에서든 절대 포기하지 말자. 이게 올바른 길이다 생각이 들면 버티자. 한 분야의 전문가가 된다는 것은 오랜 학습과 경험이 필요하며, 이 시간을 인내하는 사람이 그 달콤한 열매를 쟁취한다.

여러분들이 책을 읽으며 조금이라도 배우고 행동하길 바라며 다양한 방법과 영업의 노하우를 적어보았다. 걱정과 염려는 내려놓고 적혀있는 내용들을 토대로 고민해보자. 나는 이것들을 어떻게 활용하고 적용할 것인지, 이 내용들을 어떻게 내 것으로 만들 것인지. 당연히 성공까지 가는 길이 쉽진 않을 것이다. 하지만 지난날과 마찬가지 인생을 살 것인지, 성공한 사람들과 어울리며 꿈꿔왔던 삶을 살기 위해 오늘도 피나는 노력을 할 것인지는 당신의 선택이다.

부의 메커니즘

ⓒ안규호, 조성재, 장종오, 송경훈, 전지선, 안주원, 이수인, 김동인, 김준형, 박상현, 2022

초판 1쇄 인쇄 2022년 3월 16일
초판 1쇄 발행 2022년 3월 25일

지은이	안규호, 조성재, 장종오, 송경훈, 전지선, 안주원, 이수인, 김동인, 김준형, 박상현
편집인	권민창
책임편집	권민창
디자인	홍성권
책임마케팅	김성용, 윤호현
마케팅	유인철, 문수민
제작	제이오
출판총괄	이기웅
경영지원	김희애, 박혜정, 박하은, 최성민

펴낸곳	㈜바이포엠 스튜디오
펴낸이	유귀선
출판등록	제2020-000145호(2020년 6월 10일)
주소	서울시 강남구 테헤란로 332, 에이치제이타워 20층
이메일	mindset@by4m.co.kr

ISBN   979-11-91043-69-3 03320

마인드셋은 ㈜바이포엠 스튜디오의 출판브랜드입니다.